Cultura d'impresa

CARTA, WEB, EBOOK, APP: SCOPRI L'OFFERTA DI EGEA

Area web dedicata
Per le pubblicazioni di Egea corredate da materiali online che ne completano e arricchiscono il contenuto, accedere all'area web dedicata, digitando l'indirizzo http://mybook.egeaonline.it, e inserire il codice stampato sul retro della copertina.

PDF ePUB

Ebook
I volumi disponibili nei formati epub e pdf sono acquistabili sul sito www.egeaonline.it e nelle principali librerie online con accesso, tramite codice reperibile all'interno dell'epub, ai materiali dell'area web dedicata.

Google play

In-app
I titoli disponibili in versione app per tablet e smartphone possono essere acquistati su App Store e su Google play.
Grazie alle applicazioni Egea Pro ed Egea Doc, scaricabili gratuitamente, è possibile navigare in modo intuitivo tra contenuti testuali e multimediali, fruire di potenti strumenti di ricerca e avere titoli sempre aggiornati a portata di... touch!

Roberto Venturini

RELAZIONI PUBBLICHE DIGITALI

Pensare e creare progetti
con blogger, influencer e community

Egea

Al testo si integrano contenuti digitali. I simboli accanto ai titoli di paragrafo ne segnalano la presenza:

Approfondimenti testuali

Video

Case history

Impaginazione: Laura Panigara, Cesano Boscone (MI)

Via Salasco, 5 - 20136 Milano
Tel. 02/5836.5751 – Fax 02/5836.5753
egea.edizioni@unibocconi.it - www.egeaonline.it

Prima edizione: gennaio 2015

ISBN 978-88-238-3472-9

Stampa: lalitotipo, Settimo Milanese (Mi)

Questo volume è stato stampato con inchiostri vegetali su carta approvata dal Forest Stewardship Council, non ottenuta dalla distruzione di foreste primarie.

Indice

Introduzione

L'origine di questo libro

Quando ho iniziato, ormai parecchio tempo fa, a occuparmi di PR digitali, ho cercato un manuale che potesse contribuire a chiarirmi le idee. Immediatamente è emersa la scarsa produzione di testi di riferimento riguardanti questo campo della comunicazione, con la notevole eccezione di *Internet P.R.* di Marco Massarotto[1] (da cui ho tratto spunti preziosi e ispirazioni) e di un gran numero di articoli nei blog, discussioni sui forum, contributi in rete... che però – pur essendomi stati utilissimi, sia nel lavoro sia ora nella stesura di questo manuale – presentano l'ovvio svantaggio legato alla dispersione e al fatto di non essere un corpus di contenuti unico e organizzato.

Proprio da questa esigenza personale è nata dunque l'idea di provare a scrivere un libro per chi nello studio o nella professione affronti il tema delle PR digitali. Le pagine che seguono riflettono inoltre l'impostazione generale di strategia della comunicazione delineata nel mio precedente volume, *Strategia digitale*, scritto con Giuliana Laurita[2], e approfondiscono argomenti che, rispetto a quell'inquadramento, meritano una specificità di trattazione del tutto peculiare.

Ambizione di questo libro è di proporre uno strumento agile, di facile consultazione – dove facile non significa banale – e di facile impiego nella pratica.

---

[1] Marco Massarotto, *Internet P.R. il dialogo in Rete tra aziende e consumatori*, Milano, Apogeo, 2008.

[2] Giuliana Laurita, Roberto Venturini, *Strategia digitale. Il manuale per comunicare in modo efficace su internet e i social media*, Milano, Hoepli, 2014.

Molto di quanto ho scritto è basato sulla mia esperienza diretta e fondato sulle mie opinioni personali, che possono divergere da quelle di altri. Ciò che ho tentato di fare è stato anche di dare una maggiore sistematizzazione al campo delle PR digitali e questo potrà generare dissensi in coloro che hanno un approccio diverso, che ritengono che certi aspetti non facciano parte delle PR o che, al contrario, altri da me esclusi avrebbero invece dovuto essere trattati. Qui il problema centrale è nel definire che cosa sono e quali ambiti coprano le PR digitali, perché, a seconda delle interpretazioni, possono rientrarvi attività che per altri rientrano invece nell'uso dei social media o nel web marketing o, ancora, nelle PR tradizionali.

Proprio perché non esiste un canone consolidato, questo libro è un tentativo di gettare delle basi di discussione su cui poi costruire nel tempo, auspicabilmente attraverso il confronto e il contributo di chi in questo mercato agisce, una definizione più articolata e consolidata. Ho necessariamente operato delle scelte tra ciò che ritenevo ci doveva essere e ciò che invece, a mio giudizio, poteva restare fuori; e di queste scelte mi assumo tutte le responsabilità. Invito anzi i lettori a un dialogo sul tema, in vista di un possibile continuo arricchimento del manuale (anche grazie alla sua componente digitale), così da coprire in modo ancor più esaustivo un campo molto liquido e in rapida evoluzione.

Il taglio adottato intende fornire informazioni concrete, integrate con un'ampia parte di strategia e riflessioni sul senso della pratica suggerita. Come in tutti i campi della comunicazione, anche nelle PR digitali un'operazione di successo – che sappia cioè realizzare un progetto efficace, funzionale agli obiettivi del committente – deve poggiare infatti su una strategia solida, supportata da una valida capacità creativa. E in questo sta forse la difficoltà maggiore: se è relativamente facile inventare in libertà qualcosa che non c'era, molto più complesso è farlo rimanendo aderenti a un pensiero strategico e in un modo che porti risultati al business dell'azienda (o comunque al raggiungimento degli obiettivi per altri tipi di organizzazione). Solo avendo chiare le logiche e i meccanismi, i perché, le opportunità e i rischi delle PR digitali, sarà infatti possibile sviluppare progetti strategicamente creativi e quindi efficaci.

Proprio per questo ho dedicato ampio spazio al trasferimento delle riflessioni strategiche e alla trasmissione di ciò che ho imparato sul campo, creando e seguendo progetti: per offrire strumenti per pensare e creare progetti solidi, e non un semplice manuale «operativo» inevitabilmente destinato a rapido invecchiamento. La strategia infatti evolve più lentamente e i suoi principi restano stabili nel tempo, mentre gli aspetti più pratici, specialmente in un mondo così dinamico come quello digitale, rischiano di diventare obsoleti in tempi inaspettati – senza dimenticare che, in un campo così poco strutturato come quello delle PR digitali, la teoria e la formazione sono in realtà solo delle basi, indispensabili ma che richiedono di essere affiancate dalla pratica, dall'esperienza, dalla discesa in campo e di misurarsi con la realtà dei fatti, che – caso per caso, azienda per azienda, progetto per progetto – potrà metterci di fronte a sfide inattese e richiedere soluzioni non convenzionali, scontate, già viste.

Le strategie e le tecniche delle PR digitali sono applicabili a un vasto *range* di situazioni, problemi, opportunità. Anche se spesso farò riferimento a situazioni in cui si lavora su una marca, generalmente il ragionamento potrà essere esteso al lavoro su un brand, su un'azienda, su un'organizzazione non profit, su un'idea politica, su una causa (con buon senso e adottando le debite messe a punto relative a obiettivo e contesto).

Presenterò dove possibile case history in cui sono stato coinvolto direttamente e che proprio per questo sento di poter raccontare con sicurezza attingendo a informazioni di prima mano. Farò ricorso anche a casi internazionali di particolare rilevanza, a volte sintetizzando post che ho pubblicato sul mio blog personale (robertoventurini.blogspot.it), focalizzato sulla pubblicazione di case history di comunicazione digitale e approfondimenti sul tema del marketing digitale e delle PR online. Un'avvertenza però non va dimenticata: le case history sono interessanti in quanto spunti di riflessione, ma sono pericolose se copiate fuori contesto. Ogni caso è potenzialmente un caso a sé stante, che richiede una soluzione ad hoc.

Anche grazie a queste «storie», vorrei offrire uno strumento utile soprattutto a chi non abbia ancora maturato un'esperienza specifica nelle PR digitali. In molte aziende e agenzie capita infatti spesso che persone di buona volontà ma prive di una formazione specifica (peraltro non facile da trovare) e senza un'esperienza consolidata vengano messe «in prima linea», a imparare sul campo. Il mio obiettivo è perciò di dare un quadro della situazione, una panoramica delle logiche e delle tematiche, un aiuto a fare bene fin da subito, condividendo quello che ho imparato sul campo (e quindi, trattandosi di un'esperienza personale, le esperienze di altri potranno essere differenti), con l'auspicio di offrire uno stimolo alla riflessione, un'occasione per interrogarci su che cosa facciamo, come lo facciamo e perché quando facciamo PR digitali.

Avvertenze per l'uso

Scrivendo questo libro ho fatto alcune scelte che può essere opportuno spiegare:

- ho adottato in maniera continuativa l'espressione «PR digitali» che comunque ritengo assolutamente interscambiabile con «Internet PR» e «online PR»
- ho utilizzato la sigla «PR», come Public Relations, probabilmente più familiare all'ampio pubblico cui è destinato questo libro rispetto a «RP» (Relazioni Pubbliche), preferito da certi addetti ai lavori;
- ho usato l'espressione «PR tradizionali» per tutto ciò che non è strettissimamente legato a mezzi digitali, ciò che storicamente costituisce il lavoro tradizionale delle agenzie e delle persone che si occupano di Relazioni Pubbliche, così come le abbiamo intese nei decenni scorsi. Va comunque sottolineato che oggi ha poco senso distinguere le due cose, dato che si tratta di ambiti d'intervento che devono essere integrati. Se volete, potete leggere questa distinzione anche nel senso di «come si faceva ieri» e «come si fa oggi»;
- ho affrontato a più riprese alcuni argomenti, tornandoci sopra in punti diversi del libro e assumendo di volta in volta una prospettiva differente, a seconda del capitolo;
- ho usato il termine «target», di derivazione pubblicitaria, per definire il pubblico obiettivo cui intendiamo rivolgere la nostra attività di comunicazione. Il termine per certi versi è improprio: l'evoluzione delle tecniche di comunicazione, degli strumenti tecnologici, della cultura stessa ha reso meno sensato pensare alla comunicazione come attività indirizzata a larghi gruppi indifferenziati di popolazione, come si fa in televisione. Oggi si comunica con le persone, in certi casi parlando con loro una a una (come nel caso delle relazioni con gli influencer). Per sintesi e per semplicità ho deciso comunque di usare questo termine per indicare il gruppo di persone, più o meno ampio e caratterizzato da caratteristiche simili, con cui vogliamo parlare, raccomandando comunque a chi legge di interpretare nel modo giusto il termine e, ancora una volta, di non vedere le PR digitali come analoghe o assimilabili alla comunicazione pubblicitaria, che è cosa completamente diversa;
- ho usato anche il termine «utenti», da leggere – anche in questo caso – con una certa cautela. Se intendiamo per utente una figura anonima, disumanizzata, un numero su cui applicare meccanicisticamente delle

tecniche di manipolazione, sbagliamo l'approccio, la strategia e sbagliamo il progetto. Utente è qui la persona che usa i social, che legge i nostri contenuti: una persona, appunto, prima di tutto.

Infine, un disclaimer. Tutte le opinioni qui esposte sono strettamente personali e non coincidono necessariamente con quelle dell'azienda per cui lavoro.

La maggior parte dei box che si alternano ai paragrafi del testo contengono rimandi ad articoli, post, case history, video disponibili in rete, segnalati dai rispettivi simboli.
Per una consultazione più agevole si rinvia al corredo digitale integrativo su mybook.egeaonline.it.

1 Che cosa sono e che cosa fanno le PR digitali

1.1 Cambiano i mercati, cambia la società, cambia la comunicazione

In questo capitolo partiremo dalle basi delle PR tradizionali per cercare di spiegare successivamente in modo utile e sensato che cosa sono le PR digitali, con l'intenzione di evitare definizioni accademiche o talmente larghe da non essere praticabili e raccontare invece quali sono gli ambiti d'intervento, le tipologie di attività più frequentemente associate al lavoro di un'agenzia o di un addetto alle PR digitali.

Le relazioni pubbliche sono una disciplina che ha ormai più di cento anni o forse più di cinquemila (si veda per curiosità la voce «History of public relations» in *Wikipedia*); una pratica che, come tutte quelle che rientrano nell'ambito della comunicazione, affonda le sue radici e le sue strategie nella cultura e nel mercato in cui è chiamata a operare, facendo i conti con mezzi e strumenti a disposizione.

La rivoluzione digitale ha toccato e continua a toccare praticamente tutti gli aspetti della vita quotidiana delle persone da un lato, delle strategie delle aziende dall'altro. Ha introdotto profondi cambiamenti culturali, ha fatto nascere mezzi e strumenti con cui informarsi, divertirsi, consumare. Inevitabile dovessero quindi evolvere e adattarsi anche le relazioni pubbliche. Anche perché è cambiato il rapporto che le persone intrattengono con marche e aziende. Dopo un lungo periodo di fiducia o addirittura fascinazione verso le marche, è subentrata infatti una certa diffidenza (ovviamente è una generalizzazione, da maneggiare con cura) verso le aziende, non priva di vene di complottismo e di sospetto verso il mondo delle grandi imprese. Sono cambiate anche le persone, nel loro rapporto con la società; è cambiato il loro modo di percepirsi e definirsi: si è passati da modelli di appartenenza a gruppi con valori e identità condivisi (il classico «target») a un maggiore individualismo, costruito attraverso percorsi singolari che vanno disgregando il concetto di «stili di vita» omologanti. D'altra parte, con la crisi delle ideologie, l'identità individuale è in qualche modo passata dal «credere in» al «consumare cosa», all'aderire quindi al mondo emozionale di una marca, usata come distintivo, sfruttata per il suo *badge value*.

A fronte di tutti questi fattori era inevitabile che le forme di comunicazione «tradizionali» dovessero evolvere insieme al proprio ecosistema, apportando evoluzioni negli strumenti, nei linguaggi, nei toni. È stato inevitabile che i nuovi strumenti siano stati impiegati e nuove opportunità colte per dare vita a quelle che oggi definiamo «PR digitali», oltre che a nuovi tipologie di influenzatori in grado di spostare l'opinione pubblica.

1.2 Che cosa sono e a che cosa servono le PR

Le PR digitali sono quindi solo in parte un'evoluzione delle PR tradizionali, sollecitata dalla diffusione di nuovi strumenti tecnologici. In larga parte si tratta invece di nuovi approcci o di approcci fatti evolvere radicalmente per adeguarsi a fenomeni culturali nuovi e a nuove opportunità di relazione con le persone che compongono il mercato, oltre che per affrontare nuovi problemi o problemi vecchi che si esprimono ora con modalità e forza prima sconosciute.

Detto questo, ritengo utile dare spazio a una brevissima introduzione su che cosa sono e che cosa fanno le PR, invitando ovviamente ad approfondire il tema della «parte tradizionale» su uno dei numerosi, ottimi testi che negli anni sono stati a esso dedicati.

Anche se le definizioni esistenti possono essere in qualche misura in conflitto fra loro, possiamo sicuramente circoscrivere un territorio che ci fa capire che cosa (e che cosa non sono) sono le PR.

Wikipedia alla voce «Pubbliche relazioni» della sua versione italiana propone questa definizione: «Le relazioni pubbliche, note anche come Public relations o PR, sono tutte le attività di comunicazione il cui obiettivo sia sviluppare relazioni, mettere in comunicazione istituzioni, aziende, persone, strutture, con la loro utenza o clientela di riferimento. I destinatari della comunicazione possono essere privati cittadini, istituzioni, aziende, organi di stampa, consumatori».

FERPI (la Federazione Relazioni Pubbliche Italiana, che rappresenta i professionisti che operano nelle RP), nel suo *Statuto* (consultabile sul sito della Federazione) all'articolo 1, dice: «L'attività professionale di Relazioni Pubbliche, unica o preminente, è definita dalla finalità di creare, di sviluppare e di gestire sistemi di relazione con i pubblici influenti sul raggiungimento degli obiettivi perseguiti da singoli, da imprese, da enti, da associazioni, da amministrazioni pubbliche e da altre organizzazioni. Le Relazioni Pubbliche comportano attività di analisi, di ricerca e di ascolto, di progettazione e pianificazione di programmi specifici di relazione e comunicazione con i pubblici influenti nonché attività di valutazione dei risultati conseguiti».

Da leggere

In realtà di definizioni ne esistono molte altre. Potete leggere per esempi le «31 Public Relations Definitions» date da Heidi Cohen nel suo sito *Actionable Marketing Guide*, heidicoen.com.

1.3 Che cosa fanno in pratica le PR

Entrando un po' più nella pratica, possiamo stilare un elenco di alcune delle aree di azione più tipiche delle PR tradizionali, ovvero:

- *attività di media relations*: rappresentano il lavoro che si fa con giornalisti e testate – influencer «classici» –, con l'obiettivo di far parlare di noi sui (mass) media, sfruttando la loro capacità di fare opinione, creare *awareness*, trasmettere messaggi più credibili rispetto a quelli originanti esplicitamente dalla marca;
- *attività di «evento»*, nel senso più ampio possibile: mirano, attraverso la costruzione di avvenimenti, a generare un valore di notiziabilità grazie al quale a far parlare della marca o del prodotto;
- *attività di associazione con VIP o personaggi famosi*: sono quelle che associano la marca/prodotto ai valori propri dei testimonial o dei personaggi;
- *creazione di buzz*: azioni tese a far parlare, attraverso avvenimenti, non solo i mezzi ma anche le persone, colpite e impressionate dalle attività costruite dall'azienda.

A queste vanno poi aggiunte le attività di formazione e consulenza spesso erogate dalle agenzie, così come quelle di lobbying. Di base, tuttavia, e in estrema sintesi, possiamo dire che il ruolo delle PR consiste nello svolgimento di attività caratterizzate da un fondo di creatività e di invenzione al servizio del raggiungimento degli obiettivi di business aziendali.

Spesso, inoltre, la lista di queste attività si allarga e sovrappone ad altri strumenti di comunicazione, il che appunto rende difficile stabilire i confini netti delle PR.

Da leggere

Per un inquadramento «for dummies» delle PR potete scaricare la presentazione di IAMS Company, «Public Relations 101: Understanding and Using the Tools», www.cfainc.org.

1.4 La difficoltà di definire le PR digitali

Troppo spesso le PR digitali vengono erroneamente identificate con il mondo delle relazioni con i blogger. In realtà il campo è molto più vasto.

Come per le PR tradizionali, infatti, anche per le PR digitali è difficile, se non impossibile, fornire una definizione universalmente condivisa, anche per le tante sovrapposizioni con altre pratiche di comunicazione: come distinguere nella pratica tra PR digitali e *social media marketing*? O tra PR digitali e *guerrilla marketing*? O, ancora, tra PR digitali e *buzz marketing*? In effetti le PR digitali presentano elementi di ognuna di queste attività, fra loro affini e spesso con un gran bisogno di integrarsi per essere efficaci. Infine, va anche detto che nel tempo siamo andati a incasellare sotto l'etichetta delle PR digitali semplicemente l'elenco delle attività e dei servizi offerti dalle agenzie che operano in questo campo.

Ecco comunque alcune delle definizioni date di PR digitali:

> e-PR Also known as online PR, this involves communications using the internet and digital technologies such as Podcasts and online video to communicate with client stakeholders and deliver an organisations key messages in a highly engaging and effective way.
> («e-PR», Marketing Glossary, www.thesavvypartnership.co.uk)

> Digital PR is the practice of of managing the spread of information between an individual or an organisation and the public within the digital realm. Examples include using SEO to rank influencing content, social media to promote certain and content placement on certain websites which subsequently influences the public's opinion («Digital PR Definition», 90digital.com)

In Italia invece sono circolate definizioni come queste:

> Le digital PR comprendono tutte quelle attività di marketing volte a creare e/o aumentare il numero e l'importanza delle conversazioni on line. In parole povere servono ad accrescere e curare quello di cui negli ultimi anni si parla sempre in rete: la reputazione.
> Le digital PR hanno un approccio relazionale, perché materialmente creano relazioni tra il brand e gli utenti (che non sono più semplici clienti), motivo per cui si parla principalmente di buzz marketing e marketing conversazionale. In breve si tratta della forma più antica e forse anche più potente di advertising, il passaparola, altrimenti detto in gergo WOMM (acronimo per word-of-mouth marketing).
> («Digital PR: dall'ascolto alla content strategy», www.webhouseit.com)

Per scendere a un livello più operativo, ho deciso di provare a sviluppare una descrizione un po' più articolata che circoscriva quello che secondo me sono le PR digitali, con una logica pragmatica e con l'occhio rivolto a fare/dire cose utili nella pratica quotidiana.

1.5 Una proposta di definizione

Le PR digitali sono quell'insieme di attività di comunicazione mirate a costruire un'opinione (più) positiva della nostra marca/prodotto/servizio, attraverso la generazione di notizie, contenuti, conversazioni originati da persone o organizzazioni (*influencer*) percepite come (più) indipendenti rispetto alla marca/prodotto/servizio oggetto di comunicazione e in grado di influenzare l'opinione di un numero sufficientemente interessante di persone «in target».

Le PR digitali possono dunque lavorare per creare visibilità, rendono cioè – come si dice con termine tecnico – *notiziabile* un evento (nel nostro caso la marca/il prodotto/il servizio). Possono aiutarci (anche grazie a meccanismi di passaparola) a far uscire il messaggio su media e in ambiti a cui non riusciremmo ad arrivare se non investendo soldi in spazi pubblicitari. Possono creare una maggiore connessione emotiva non solo con il nostro target ma anche con tutti quegli stakeholder in grado di influire sul nostro business (e, più in generale, sul raggiungimento degli obiettivi della nostra organizzazione). Con una forte attenzione alla creazione di reputazione.

A questa definizione dobbiamo però aggiungere una serie di altre attività che rientrano nelle PR digitali, quali il monitoraggio e ascolto delle conversazioni in rete.

In sostanza dunque, due tra i parametri fondamentali perché un'operazione possa rientrare nelle PR digitali sono:

- l'assenza di acquisto di spazi pubblicitari (o di pubbliredazionali o simili) come strumento primario e non di supporto all'operazione;
- l'uso di influencer.

Come ogni regola, anche questi due vincoli – come vedremo – ammetteranno, con una certa dose di pragmatismo, le loro eccezioni.

1.6 Che cosa fanno le PR digitali e come influenzano il business

Prima di addentrarci nelle *technicalities* e nel «come si fa» (temi trattati in profondità nei prossimi capitoli) è importante capire ora il senso delle cose e capire come un'operazione di PR digitali possa impattare concretamente sul business e sul raggiungimento degli obiettivi.

1.6.1 *Le PR digitali lavorano per creare opinione*

Le PR digitali non sono uno strumento (ancora una volta, salvo eccezioni) per fare *hard selling*, ma per *creare opinioni*: un'opinione che poi dovrà influenzare positivamente le vendite. Le PR servono a costruire relazioni, a fidelizzare persone, a diffondere un punto di vista. Sono generalmente meno forti nel costruire *awareness* (mentre sono ottime per costruire reputazione, immagine, *brand equity*). Non sono uno strumento potente nel generare vendite a breve quanto lo sono invece le promozioni, gli sconti, i concorsi, le azioni sul punto vendita. Sono efficaci nel costruire un senso di vicinanza e di coinvolgimento tra la marca e le persone – non necessariamente a coprire errori e manchevolezze nascondendoli sotto un tappetino cosmetico di apparenze.

Per capirci, nessuno può immaginarsi un articolo sul *Corriere della Sera* o su un sito d'informazione come mezzo per magnificare un'offerta 3x2 sulla pasta o uno sconto sui pelati – iniziative che sul consumer funzionano benissimo e che trovano il proprio ambito all'interno della pubblicità, ma che non ha senso che siano veicolate attraverso le PR. Le PR (digitali, in questo caso) ci servono quando ciò che vogliamo è agire in modo più profondo, far cambiare gli atteggiamenti, trasformare le percezioni, incidere su ciò che si pensa di una marca o di un prodotto. Con l'obiettivo ultimo di modificare i comportamenti: preferisci il mio prodotto, comprane di più; vota il mio partito; scegli la mia associazione per il tuo 5 per mille.

Case history – Patagonia: comunicare valori prima che prodotti

Patagonia, marca di abbigliamento tecnico e sportivo, ha da sempre un approccio molto responsabile verso l'ambiente (e una storia ricca, da cui attingere per fare storytelling).
Recentemente ha lanciato un'iniziativa per sensibilizzare i propri clienti a comprare meno i suoi stessi prodotti, a comprare solo ciò che realmente serve, a far riparare i prodotti riparabili. E con le storie di persone e di prodotti vissuti ha costruito un video, *Worn Wear: a Film About the Stories We Wear*, disponibile in rete.

Non fare hard selling non vuol dire però che non si debba cercare di vendere il prodotto o che le PR digitali non abbiano effetto sulle vendite; la capacità di raccontare (o meglio, *far raccontare*) bene un prodotto interessante per il pubblico – specialmente in un'epoca nella quale l'acquisto d'impulso è reso banale da Internet e dall'e-commerce – può trasformarsi in risultati di vendite immediati, spesso notevoli.

Per creare opinione è necessario saper entrare in sintonia con le persone, capirne i *bisogni*, capire le cose di cui sanno (o non sanno – e che nel caso si possono individuare e spiegare loro) di avere necessità. Dobbiamo metterci in relazione con i lori *desideri* – sovente in contrasto con i bisogni, tendenzialmente più emotivi che razionali... e spesso tremendamente potenti. Dobbiamo infine tener conto delle *conoscenze* delle persone che nel mondo digitale sembrano evolvere verso un approccio più superficiale rispetto al passato, prestare maggior ascolto a fonti scandalistiche piuttosto che oggettive, accordare fiducia a voci poco affidabili, a basarsi sul «sentito dire», su cose «lette su Internet».

In un ambiente che va trasformandosi in questa direzione, appare chiaro come in molti casi riuscire a fare passare un'informazione corretta e oggettiva sia il primo, imprescindibile passo per esprimere una comunicazione efficace. A questo proposito occorre tener presente la possibilità che posizioni ideologiche del target elevino barriere quasi insormontabili: spesso infatti ci si scontra con il bisogno manifestato da più persone di rimanere ancorate alle proprie convinzioni, a uno stile di vita chiuso alla discussione, incapace di considerare più facce di una stessa medaglia. Analogamente, occorre misurarsi con le *opinioni* delle persone (anche in merito alla nostra marca o al nostro prodotto). Ciò significa anche affrontare preconcetti (più frequentemente negativi che positivi, soprattutto quando affidati al solo «sentito dire»), conformismi, scelte di campo aprioristiche, convinzioni radicate. D'altra parte senza conoscere le opinioni delle persone, il punto di partenza, non riusciremmo a tracciare un percorso attraverso cui condurle al punto di arrivo desiderato – sempre ferma la necessità di un approccio etico, che eviti di lavorare per instillare false credenze o per proporre versioni manipolate della realtà.

Altrettanto importante è indagare le *abitudini*: anche in un mondo dinamico e innovativo come il nostro, infatti, per certi aspetti l'«abbiamo sempre fatto così» rappresenta un fattore di ostacolo all'evoluzione: si pensi per esempio alle resistenze di molte aziende all'innovazione ma anche alle abitudini delle persone, all'affezione della gente verso certi prodotti o certi riti.

1.6.2 *Le PR digitali lavorano per generare visibilità, notiziabilità*

La condizione necessaria (ma non sufficiente) perché ci si formi un'opinione positiva di qualcosa è esserne a conoscenza: requisito sempre più sfuggente oggi, in un momento in cui la proliferazione delle marche, dei media, dei prodotti ci ha portati a essere esposti a migliaia di messaggi che chiedono attenzione.

Non basta quindi avere la possibilità teorica, disegnata attraverso investimenti pubblicitari, di far balenare il messaggio davanti agli occhi del target: la disattenzione è forte anche come meccanismo di difesa dall'invadenza della pubblicità e la capacità di dimenticare è notevole, come meccanismo per mantenere la sanità mentale e non ingolfarsi il cervello con milioni di informazioni inutili. L'irrilevanza percepita è un problema grandissimo: se un prodotto o un'idea non sono in grado di far vedere un vantaggio, la priorità assegnata al messaggio cadrà rapidamente a zero. È quindi necessario innanzitutto far breccia nell'attenzione: farsi ricordare, lasciare un segno, seminare un germe di riflessione, quando non un'adesione folgorante (rara, come tutti i miracoli).

La ricerca di visibilità può passare, se si adotta un approccio superficiale, attraverso il «famolo strano», la creatività senza briglie, la guerriglia o il *flashmob* che sconvolgono e sorprendono. Col problema che a lavorare in modo non strategico si realizzano eventi che in sé magari vengono ricordati ma di cui non si memorizza la marca (cioè chi ci ha messo i soldi per metterli in piedi, a sostegno dei propri obiettivi). Si rischia inoltre di mettere in campo attività che lasciano un segno… che però non necessariamente è in linea con la marca committente e con ciò con cui essa vorrebbe essere associata. Per capirci: a spaventare i bambini si fa visibilità, ma difficilmente si convincerebbero le madri a comprare i nostri pannolini.

Case history – Flashmob differenti: comunicare idee con o senza relazione con la marca o il prodotto

Caribe Cooler ha organizzato un'operazione guerrigliera: prendere a caso alcuni individui per strada e far loro vivere quindici minuti da «persona famosa», da star (si veda il video *Flashmob Ctrl+Cool*, disponibile in rete). Idea fresca e divertente, ma se manca un'affinità tra il prodotto e l'operazione, se non c'è una relazione stretta tra l'idea e il prodotto, ne discende che moltissimi altri prodotti potrebbero fare la stessa cosa nello stesso modo. E che quindi non è scontato che le persone, anche solo pochi minuti dopo aver visto il video, ricordino la marca associata all'operazione – meno che non si sia provveduto in anticipo, magari con intense campagne di pubblicità, a settare una relazione fra il tema e il prodotto.
Molto più immediato, come operazione di *street marketing*, il flashmob organizzato per festeggiare i 130 anni di Banco Sabadell (il video *Som Sabadell flashmob. We are Sabadell* è disponibile in rete) che ha coinvolto oltre un centinaio tra musicisti a cantanti impegnati in un'esecuzione dell'*Inno alla gioia*, sensibilizzando gli abitanti della cittadina a nord di Barcellona sull'importanza e la bellezza del loro lavoro.

Si parla allora (anche), come già accennato, di *notiziabilità*: della capacità cioè di un evento o di una comunicazione di rappresentare una «notizia», vale da dire qualcosa di nuovo in grado di suscitare curiosità e di rappresentare lo spunto su cui costruire un contenuto che i media – tradizionali, digitali e informali – possano diffondere. Per giornali e televisioni può trattarsi di uno spunto per raccontare una storia a una massa di persone. Nel mondo digitale può trattarsi di uno spunto a partire dal quale i blogger costruiscono un post interessante, o semplicemente di un oggetto che provoca l'attenzione delle persone attive sui social network, che vedono in esso un'occasione per pubblicare su Facebook o Twitter qualcosa da condividere con i propri pari.

La notiziabilità va però vista sempre con gli occhi del target. Ciò che per un'azienda può rappresentare una rivoluzione epocale, per suo il target può costituire niente più che un'informazione noiosa e percepita come di scarso valore. Quella che per noi è un'ottima *press release*, per gli influencer digitali può essere un oggetto poco utile (sul tema di quanto le press release possano essere interessanti per i nuovi influencer, si veda il post di Tom Foremski, «Die! Press release! Die! Die! Die!», apparso sul blog dell'autore www.siliconvalleywatcher.com).

«Non c'è la notizia» è il grido di dolore di centinaia di addetti ai lavori nel settore delle PR di fronte al diktat dei loro clienti di comunicare qualcosa. Se non c'è la notizia possiamo stare certi che la gente, per quanto esposta al nostro input, non reagirà, farà morire sul posto il processo di diffusione, rimuoverà dalla mente ogni traccia di ricordo, quando addirittura non peggiorerà la propria percezione nei nostri confronti a fronte di una comunicazione inutile e poco sensata.

La capacità delle PR digitali (così come di ogni altra forma di comunicazione) deve essere allora quella di elaborare, strategicamente e creativamente, un processo che porti visibilità a favore del committente; ovvero quella di sviluppare, partendo da un input, una «notizia» che possa essere fattore di supporto per il business, creare *awareness*, essere di stimolo per rinfrescare e rafforzare la percezione della marca/prodotto/servizio che comunica, in modo sensato e coerente con la sua identità.

1.6.3 *Le PR digitali lavorano per costruire e gestire la reputazione*

Compito delle PR è infine quello di influenzare, costruire, gestire la reputazione – tema cui dedicheremo l'intero Capitolo 2: qui ci limitiamo a dire che la reputazione è la *summa* di quello che le persone pensano di noi. Già questo ci può bastare a capire come la reputazione sia un autentico fattore chiave nell'influenzare le scelte d'acquisto così come la decisione di aderire o meno a un'iniziativa, a un partito politico, a un movimento, alla buona causa di una ONG.

Un pensiero in più – Se ne deve parlare, e bene

«Che se ne parli bene, che se ne parli male: purché se ne parli», è una massima che è opportuno levarsi subito dalla mente – a meno di non essere nel mondo dello spettacolo e di puntare a diventare un controverso personaggio di successo. Se di una marca si parla male è quasi certo che il suo business ne soffrirà nel momento stesso in la conversazione arriverà a coinvolgere un numero sufficientemente ampio di clienti o potenziali clienti.

Il compito delle PR digitali quindi, in congiunzione con tutta una serie di altre attività di comunicazione, è quello di creare un'opinione positiva che aiuti ad alimentare la desiderabilità del prodotto e/o a contrastare opinioni negative su di esso: ma anche, in certi casi, a stimolare la discussione, in rete e fuori, sui pro e i contro di certe idee, in modo che le persone possano formarsi una propria opinione ragionata.

1.6.4 *Le PR digitali lavorano per costruire connessione coi clienti*

Sono passati i tempi in cui un bello spot emozionale faceva innamorare i telespettatori di una marca. Oggi il pubblico è più «scafato», cinico, diffidente: i meccanismi di costruzione dell'affettività passano attraverso processi più complessi, coinvolgono il «dicono di noi», richiedono connessioni con attività più ampie e profonde dei 30" televisivi. Passano attraverso azioni in cui la marca riesce a coinvolgerci, a dimostrarci che cosa può fare per noi, a emozionarci.

Quello stile «emotivo» che ha fatto la fortuna di molte marche qualche decennio fa, ora probabilmente suscita incredulità e forse fastidio. Quando non ce lo possiamo permettere, associare il nostro brand a temi troppo elevati e lanciare gridi di battaglia troppo «ispirazionali» rischia di trasformarsi in un pericoloso boomerang.

Negli ultimi (diciamo) cinquant'anni, le marche hanno fatto di tutto e di più per farsi sentire «vicine» ai loro clienti, ma normalmente più a parole che con i fatti. Più con immagini e musiche commoventi che con azioni, prodotti e marketing mix che ci cambiassero realmente la vita. Marche e comunicatori hanno costruito «mondi emotivi di riferimento» e ci hanno raccontato storie (sia nel senso dello storytelling sia nel senso dell'imbonimento, a seconda della serietà dell'azienda). Ora il giocattolo ha un po' le pile scariche. Le persone non si fanno più impressionare come prima dalla comunicazione emozionale/istituzionale/valoriale; complice anche la crisi sono diventate più pragmatiche. Non è però finito il sistema delle marche. E non è finito il sistema delle idee, dei movimenti valoriali. Non è finito il bisogno di trovare dei punti di riferimento cui ancorarsi, a cui aderire (o da esibire) nella ricerca di un qualcosa che ci rappresenti simbolicamente agli occhi di chi ci guarda. Marche e prodotti restano (ahimè, in mancanza di fattori più pregnanti) utili strumenti per far capire agli altri come ci immaginiamo, come vogliamo apparire. E il fenomeno è ancor più evidente quando abbiamo a che fare con prodotti contraffatti, nei quali si estremizza il concetto che a quel tipo di consumatore non interessa la sostanza dell'oggetto, interessa invece l'insieme degli intangibili, il messaggio che eroga grazie all'esibizione (contraffatta) del logo. Persone che spendono cinquanta euro per una falsa borsa Louis Vuitton forse non ne spenderebbero altri cinquanta per una Lacoste vera ma senza coccodrillino.

Tutto questo discorso serve a focalizzare l'attenzione sull'importanza e la potenza del *meccanismo relazionale*: quello in cui un prodotto, una marca, un'idea, un personaggio entrano a far parte del nostro panorama emotivo. Quel meccanismo in cui ci verrebbe voglia di far parte del suo (del prodotto, della marca, dell'idea, del personaggio) mondo – conoscendolo, acquistandolo, votandolo. Quello in cui c'è una vicinanza percepita della marca al mio essere, ai miei desideri – in uno scenario in cui è teoricamente possibile (e spesso si spera o ci si aspetta) che marca od organizzazione si facciano carico dei nostri input e ci rispondano in modo personalizzato. E magari non importa se non lo fanno proprio con noi e non lo fanno con tutti: come molte campagne di successo sul digitale e sui social media hanno dimostrato, il fatto che la marca (magari a sorpresa) si relazioni personalmente con alcuni individui (anche se non con tutti), purché in modo molto visibile e molto smart, ha un forte effetto di trascinamento. Insomma: coccolarne uno per educarne cento.

1.6.5 *Le PR digitali lavorano per generare conversazioni*

In questa nostra era digitale, larga parte della creazione di opinione passa attraverso strumenti molto più informali rispetto al recente passato. *In primis* passa attraverso le *conversazioni*. Del resto, sin dagli albori della civiltà, il potere della parola è stato determinante nella creazione di una cultura condivisa, nella diffusione delle notizie. In sostanza possiamo dire che le conversazioni, intese come scambi verbali, sono state il primo media.

Il problema spesso più grosso in questo senso è quando di noi non si parla. E se non si parla di noi vuol dire che non siamo interessanti (nel bene o nel male): un peccato capitale in un'economia che vede nell'attenzione uno degli asset più scarsi e difficili da ottenere.

Uno dei compiti delle PR digitali diventa allora proprio quello di innescare conversazioni. Sentir parlare di una cosa è uno step importante per la

Case history – Kleenex: la capacità di relazionarsi coi clienti giusti nel momento giusto ▷

Ecco un esempio di idea semplice ma molto efficace. Siamo in Israele. Monitorando i social media, il team di Kleenex identifica cinquanta persone che si lamentano di essere raffreddate. Ottenuti i loro indirizzi con l'aiuto dei loro «amici», nel giro di 1-2 ore l'azienda fa recapitare ai malati un «Kleenex kit» con gli auguri di pronta guarigione. Risultato: tutte le cinquanta persone contattate pubblicano la notizia e la foto su Facebook, generando oltre 650.000 impression e 1800 interazioni. Senza contare tutti coloro che, attraverso i social network e quindi diffondendo ulteriormente la notizia, iniziano a chiedere a Kleenex di ricevere il kit.
L'esperimento è raccontato nel video *Feel Good by Kleenex*, disponibile in rete.

creazione di *awareness*. Sentirne parlare da parte di persone che reputiamo affidabili è importante per farsene un'opinione.

Le conversazioni però devono sempre essere *gestite*, per evitare che la situazione sfugga di mano. Non si tratta di censurare il pensiero delle persone (è quasi impossibile e il rischio che la censura si ritorca contro generando rumore negativo è forte), si tratta di gestire le conversazioni in modo che si svolgano in maniera costruttiva, eliminando insulti, attacchi personali, contenuti che potrebbero generare problemi di diffamazione, risse fra i partecipanti e così via.

1.6.6 *Le PR digitali lavorano per riguadagnare (un certo) controllo sulle conversazioni*

In rete è evidente che le persone amano parlare. Certo, non tutte le persone e non sempre. La percentuale tra chi parla e chi ascolta può variare da 1 su 10 fino a 1 ogni 10 milioni. Attenzione quindi a evitare un equivoco. Non è vero che in rete tutto sia conversazione e tutti conversino continuamente. L'aspetto della fruizione passiva è forte, che si tratti di siti, di blog o di social network. Tutti noi, infatti, in momenti diversi della nostra vita siamo alla ricerca di notizie e informazioni oppure semplicemente desideriamo essere intrattenuti passivamente. Per prendere parte a una conversazione occorre che ci sia una motivazione, di tipo razionale o di tipo psicologico. Una spinta a investire tempo ed energie, seppur minimali.

Ma con più della metà della popolazione che è «in rete», anche una percentuale piccola di utenti attivi significa milioni e milioni di conversazioni che si srotolano online. Di che cosa si parla? Di cose che ci interessano. Di come stiamo, delle cose che ci fanno sorridere o di quelle che odiamo. Delle sensazioni. Di piccolezze. Di gattini (moltissimo) o del senso della vita (questo è più raro). Delle cose che facciamo nella vita quotidiana.

Il tema e il tono delle conversazioni variano moltissimo e sono funzione della cultura di chi scrive e del gruppo o community informale con cui interagisce. Occorre fare i conti con un livello culturale medio che spesso ci porta a impostare temi e toni a livelli abbastanza elementari: si parla di TV, di sport, di politica, di marche e di prodotti, di moda, di gossip, di cucina e di calcio. Si scambiano opinioni. E le conversazioni inevitabilmente portano influenza, orientano le percezioni dei lettori, fanno nascere dubbi o rinforzano convinzioni precedenti.

In rete, soprattutto quando si affrontano argomenti scientifici, si parla spesso «per sentito dire» – come a proposito di certi casi scientifici o medici – e la grande maggioranza di coloro che intervengono (a favore o a torto) non si sono documentati, sicché le notizie scandalistiche ottengono più audience di pacate ma solide ricerche scientifiche. Se le persone parlano (o straparlano) è lecito, anzi spesso indispensabile, che la marca, l'azienda o l'organizzazione intorno a cui si discute facciano sentire la propria voce, la propria posizione. Una marca, un'entità di successo deve avere e far sentire la propria opinione, altrimenti viene percepita come debole e senza idee (o non viene percepita per niente). Marca o azienda hanno il diritto di esprimere la propria opinione, la propria visione delle cose.

Se queste conversazioni riguardano la nostra marca/prodotto/servizio, è sbagliato e pericoloso lasciarle andare allo stato brado. *In primis* vanno influenzate con la sostanza; mettendo a punto prodotti e marketing mix, risolvendo i problemi segnalati, offrendo un miglior servizio, imparando dai propri errori. Secondo, ma non meno essenziale, è corretto far sapere che cosa pensiamo, chi/che cosa siamo in realtà, quali sono davvero i nostri prodotti, i nostri programmi, le nostre idee. Partecipare alle conversazioni che ci riguardano – senza intenzione di monopolizzare o di manipolare, ma con l'obiettivo di avere voce in capitolo in una discussione – è utile sia a noi sia al nostro pubblico.

Un pensiero in più – Ciò che scegliamo di ascoltare influenza la nostra percezione

Per avere un'idea chiara (o quanto meno verosimile) di ciò che si dice nel mondo (digitale), non è sufficiente basarsi su quello che vediamo affacciandoci ogni giorno in rete dalla nostra pagina su Facebook o dal nostro account Twitter.
Quello che vediamo è funzione diretta delle scelte che abbiamo fatto, delle persone che abbiamo accettato e/o scelto di seguire. Persone spesso in qualche modo simili a noi, che «ci vanno bene». A meno di non aver compiuto delle scelte da ricercatore, selezionando per i nostri canali social un campione statisticamente rappresentativo, ascolteremo voci che non necessariamente rappresentano uno spaccato significativo dell'insieme del mercato.
In sostanza, rischiamo di rinchiuderci in una bolla che deforma la percezione della realtà (si veda il mio articolo «Social Media: attenzione a non chiudersi in una "bolla"», apparso su www.techeconomy.it). Come se ciò non bastasse, l'algoritmo di Facebook filtra la comunicazione, mostrandoci nel flusso ciò che ritiene possa interessarci, non l'intera realtà dei contenuti pubblicati.
Se ci interessa (e dovrebbe, molto) una visione più oggettiva della realtà, è opportuno affidarsi a progetti di monitoraggio, di cui parleremo nei prossimi capitoli.

L'importanza delle conversazioni è stata in certa misura colta dalle aziende in questi ultimissimi anni. Oggi le imprese tendono a essere più presenti in rete rispetto a qualche anno fa (con i propri siti o con specifiche azioni, pagine e account sui social network). Tendono a proporre spunti di discussione e a invitare le persone a conversare. Non necessariamente questo significa che siano davvero in grado di influenzare le conversazioni o di generarle: la marca propone ma il pubblico dispone.

Nella realtà, anzi, il controllo è in larga parte sfuggito alle aziende che possono solo suggerire e proporre, mentre la decisione se parlare di un'azienda, se parlarne bene o male, seriamente o in modo superficiale, resta appannaggio del pubblico, nella sfera dei comportamenti privati e della condivisione con le proprie community (più o meno informali).

1.6.7 *Non sarà mai possibile raggiungere l'unanimità*

Tante teste, tante idee: si chiama mercato ed è fatto – e il digitale lo ha messo ancora più in rilevo – di *individui* che solo per comodità cerchiamo di raggruppare in target ma che nella realtà sono esseri distinti, diversi fra loro. Esseri umani, e come tali spesso anche irrazionali.

Occorre prepararsi, specialmente nel caso di startup o neofiti del marketing, al fatto che non si può essere amati da tutti e che ci saranno detrattori pronti ad attaccare anche senza una ragione apparente o senza un fondamento razionale. Bisogna farsene una ragione e puntare a portare dalla nostra parte una ragionevole quota di persone, per quello che ci è possibile e compete al nostro tipo di idea, prodotto o progetto.

Dobbiamo evitare che le critiche scatenino crisi interne all'azienda committente (o nel rapporto tra azienda e agenzia), facendo comprendere che si tratta di un fenomeno assolutamente fisiologico. Dobbiamo evitare di pretendere la conversione a tutti i costi anche dei più estremisti. Piuttosto, è necessario lavorare per mantenere in area positiva le persone a favore e provare a ragionare con coloro che, moderatamente contro, sono comunque orientati a un confronto costruttivo.

Soprattutto, però, prima di imputare le critiche alla natura della rete e accantonarle tout court come fenomeno inevitabile, è opportuno domandarsi se non ci sia in esse un fondo di verità e di ragione, se davvero non sia il caso di ragionare su un miglioramento della nostra offerta, se i pochi critici di oggi non possano rappresentare la punta di un iceberg che domani emergerà procurandoci danni cospicui.

1.6.8 *Lo user generated marketing e la perdita di controllo*

Esiste anche un'altra dimensione problematica: quella della nascita di conversazioni, di contenuti a nostro favore, talvolta totalmente disallineati rispetto alle nostre strategie e/o estranei al nostro DNA di marca. Singoli utenti appassionati o gruppi influenti possono infatti scatenarsi in attività di *user generated marketing*, vale a dire in azioni in cui le persone si fanno propagandisti, evangelisti della marca, iniziano a farne pubblicità, a diffonderne il «verbo», a farsi carico insomma, senza che nessuno gliel'abbia chiesto, di un'attività di marketing a nostro favore.

Tutto ciò può rappresentare un problema, perché a volte i «fan» si appropriano della marca e la portano in direzioni non volute dall'azienda. Sensibilità e opinioni degli autori si materializzano in contenuti a volte del tutto incoerenti con l'immagine che vogliamo trasmettere, se non addirittura in comunicazioni che non approveremmo mai e dannose su certe parti del nostro target. A titolo di esempio, basta effettuare in rete una ricerca per immagini a soggetto «Nutella», per incontrare tutta una serie di interpretazioni di marca che, con certezza quasi assoluta, possiamo ritenere non condivisibili dall'azienda e del tutto inappropriate per quel target di madri, bambini, famiglie che rappresenta una parte importante del mercato della nota crema alle nocciole.

In casi come questo, l'azienda si trova di fronte a un dilemma complesso. Rifiutare e censurare un atto d'amore è un modo sicuro per trasformare chi ci ama in qualcuno che ci odia: l'amore non corrisposto e rifiutato brucia (ho visto persone trasformarsi da fan in nemici giurati semplicemente perché l'azienda li aveva minacciati di azioni legali per l'uso non autorizzato del logo aziendale, in post peraltro fortemente a favore delle attività dell'impresa...); lasciar correre, per contro, significa implicitamente accettare la diffusione di interpretazioni scorrette della propria identità. Qui non esiste una ricetta unica, valida per tutte le situazioni: azienda, marketing, comunicatori dovranno caso per caso esaminare le specificità, valutare rischi e opportunità e decidere, con cautela e profonda riflessione, il da farsi.

1.6.9 *La permanenza delle conversazioni*

Un altro fattore rilevante che deve orientare strategia e tattica delle PR digitali è quello della permanenza in rete delle conversazioni.

Mentre prima dell'era digitale era possibile far perdere le tracce di comunicazioni, problemi o crisi riguardanti l'azienda, contando sulla propensione delle persone a dimenticare, oggi ciò che di noi viene scritto in rete rimane accessibile, potenzialmente per sempre. Chi cerchi su Google informazioni su un qualsiasi soggetto, potrà essere esposto a contenuti vecchi di anni: e quanto più «popolare» è stata per esempio una critica, tanto più in alto rischia di emergere nella ricerca, anche a distanza di tempo.

D'altra parte, l'effetto «coda lunga» si sviluppa anche in termini positivi: un contenuto a nostro favore, che si sia dimostrato popolare, permarrà in rete e produrrà effetti anche molto tempo dopo, quando il ricordo spontaneo di una nostra attività o un'ondata di popolarità si saranno ormai affievolite nel ricordo spontaneo, anche su persone che all'epoca dell'episodio non erano state esposte alla comunicazione.

Per fare un esempio, sul mio blog di marketing e comunicazione, il post che più di ogni altro ha sinora contribuito a generare pageview è quello, datato luglio 2012 e intitolato «Sky On Demand: non tutti sanno che.... (dal vostro inviato)», in cui raccontavo la realtà e le potenzialità del servizio in oggetto. Per quasi due anni è stato, ogni mese, il mio contenuto più letto. Evidentemente si è trattato di un post su una tematica di alto interesse, che (accidentalmente, lo confesso) si è ben posizionato su keyword costantemente ricercate. Questo contributo nella sua vita ha generato oltre 61.000 pageview (un numero significativo rispetto alle letture totali del mio blog) e soprattutto, mese dopo mese, ha dimostrato la validità e l'efficacia di un contenuto «popolare» nel generare visibilità e traffico per le nostre *properties*.

Tale effetto di permanenza, dunque, ci deve far riflettere di nuovo sull'importanza di prevenire i problemi. Certo, è possibile pensare ad azioni volte a far rimuovere contenuti diffamatori o a interventi presso gestori di siti e social per far eliminare contenuti palesemente in violazione delle leggi. Si tratta però spesso di processi che possono essere lunghi, complessi e dall'esito incerto. In caso di crisi diffuse sarà praticamente impossibile far rimuovere i contenuti negativi da tutti i social, i blog, i forum, le community che li hanno ospitati – specialmente se non si tratta di vere e proprie falsità nei nostri confronti ma di libere espressioni di opinioni negative espresse in modo corretto. Di conseguenza, è cruciale lavorare per prevenire l'insorgere della crisi – e in questo gli specialisti delle PR digitali potranno dare una grossa mano individuando le aree di rischio e predisponendo interventi ad hoc. A crisi scoppiata (come vedremo più avanti) è utilissimo aver preparato anticipatamente dei piani di risposta, ma si fa molta meno fatica a prevenire che a intervenire per sanare un problema.

1.6.10 *La diffusione delle conversazioni*

Generare conversazioni (positive) è uno dei grandi obiettivi delle PR digitali, ma l'*ampiezza* delle conversazioni (quante sono e quante persone coinvolgono) è meno importante della *qualità* delle conversazioni stesse (non ci interessa avere milioni di persone che parlano di noi ma... non dicono niente di interessante; serve solo a costruire un'immagine di marca vuota, priva di contenuti).

È comunque lecito lavorare per avere buone conversazioni che coinvolgano (e, alla fin fine, raggiungano) molte persone. Dato che (in media) è abbastanza faticoso convincere una persona a scrivere bene di noi, mentre è molto più facile che quella persona faccia un semplice retweet, ri-posti, condivida su Facebook un contenuto interessante (lo «sforzo» richiesto è infinitamente minore), è evidente come un altro fattore critico stia nel realizzare spunti che non solo siano oggetto di post, ma siano anche di stimolo per contenuti che possano essere amplificati in rete, con un effetto di tipo «virale»

Quanto più un tema è spinoso e scabroso, tanto più le persone saranno portate a condividerlo, a giudicare da quello che vediamo tutti i giorni in rete. Tanto più è banale, tanto meno sarà interessante per il pubblico farlo girare. Il che pone le aziende di fronte a situazioni complicate; chi gestisce la marca desidera, giustamente, che i contenuti che si propagano siano allineati al DNA del brand. Così, un filmato virale che fa discutere per la sua aggressività non sarà opportuno per una marca che fa della serietà, sobrietà e affidabilità il suo posizionamento chiave. Il che porta anche a dire che non tutte le marche sono adatte all'impiego di tecniche di marketing virale.

Molto importante, infine, è considerare che i mass media – ben lungi dall'essere stati soppressi dall'arrivo dei mezzi digitali e dei social media in particolare – costituiscono ancora oggi una forza considerevole nell'impiego del tempo libero delle persone e nel processo di formazione di opinione (anche per fattori culturali e di competenze nell'uso e interpretazione dei diversi mezzi di comunicazione).

L'amplificazione delle conversazioni deriva infatti spesso da un passaparola (o WOM, *word of mouth*) che intercorre tra le persone al di fuori dei circuiti mediatici tradizionali. Ma viene anche alimentata con grande forza quando proprio questi mezzi riprendono una notizia o una discussione avvenuta in rete: un numero crescente di giornalisti usa la rete nella propria vita quotidiana, anche come fonte primaria per individuare spunti e segnalazioni. È quindi frequente che una notizia o una discussione emersa in rete venga successivamente trasformata nel cuore di un articolo di un quotidiano o di un programma televisivo, e che questa «news» apparsa così sui media tradizionali venga a sua volta ripresa e amplificata, discussa e dibattuta in rete, in un circuito iterativo di amplificazione che può portare alla moltiplicazione dei contatti e delle persone raggiunte. In effetti, non solo passiamo un sacco di tempo a twittare quel che succede in tv: è la tv stessa a mandare in onda trasmissioni su quello che twittiamo. È quindi tenendo un occhio anche ai mass media tradizionali che chi si occupa di PR digitali deve (quando possibile, quando ci sia una «notizia» degna di nota...) sviluppare un piano d'azione in rete, in un fenomeno di convergenza tra online e offline – dimensioni che, come sempre, è parecchio artificioso considerare in modo del tutto separato, affidandone la gestione a persone o agenzie diverse.

1.6.11 *Le PR digitali lavorano per prevenire e gestire le crisi*

Compito chiave delle PR digitali (per quello che riguarda gli ambiti online, lavorando dove necessario a strettissimo contatto con le PR tradizionali sugli ambiti offline) è preservare l'azienda/organizzazione/personaggio dai danni derivanti da crisi che ne influenzino la reputazione e, quindi, il business o comunque il raggiungimento degli obiettivi.

Qui l'attività si esplica su più fronti: la prevenzione, la gestione della crisi, la mitigazione del danno, il training, la preparazione *ex ante* di piani di risposta, temi di cui parleremo più approfonditamente nel Capitolo 7, dedicato proprio al tema della crisi.

Un pensiero in più – Leggiamo davvero tutto quello che condividiamo?

Alcune ricerche sembrano evidenziare un fenomeno apparentemente singolare: le persone non necessariamente leggono i contenuti che ridiffondono in rete, su Facebook o su Twitter per esempio. Può bastare un titolo *engaging* o scandalistico, affine alle nostre opinioni o preconcetti, che ci attiviamo per condividere un contenuto al nostro network. Si assiste così quotidianamente al circolare di bufale, di messaggi diffamatori, di prese di posizione pro e contro «acritiche» e non informate. Di questo fattore di immaturità della rete occorre tenere conto: anche se in larga parte rimane al di fuori del nostro controllo, esercita infatti un impatto significativo su generazione e amplificazione delle crisi.
Sul tema si veda anche l'articolo di Tony Haile, «What You Think You Know About the Web Is Wrong», apparso su *Time* e disponibile online.

1.7 Che cosa non è lecito aspettarsi dalle PR digitali

Le PR digitali sono uno strumento potente e utile, ma con propri ambiti di intervento specifici, con aree cioè in cui possono esprimere il proprio potenziale e aree in cui non funzionano quanto altri strumenti.

In primis è importante avere ben presente che le PR digitali non sono equivalenti o sostitutive della pubblicità. L'advertising ha altre caratteristiche, serve a risolvere certi problemi (e non altri), ha costi e modalità di intervento completamente differenti. Non si può pensare di coprire «a tappeto» il mercato attraverso le PR digitali sostenendo una frazione infinitesimale dei costi che un'operazione analoga richiederebbe se si facesse ricorso alla pubblicità televisiva. Non si può «dominare il mezzo» perché il mezzo non esiste – o, meglio, sono le conversazioni degli utenti, che però non sono dominabili online esattamente come non sono dominabili nella vita di tutti i giorni, al bar o in ufficio. Possiamo cercare di orientare le opinioni, certamente non possiamo imporre opinioni condivise o fare un qualche «lavaggio del cervello» per instillare un pensiero unico.

Si tratta dunque di focalizzare, in logica strategica, quale sia il nostro problema e pensare a quale sia lo strumento più adeguato per affrontarlo. E non cercare di utilizzare uno strumento – magari prioritariamente per la sua economicità – in sostituzione di un altro tool più efficace.

Le PR digitali inoltre hanno enormi potenzialità ma devono, in generale, lavorare di concerto con gli altri strumenti di comunicazione (che spesso rivestono un'importanza molto più forte per il business aziendale).

In sintesi

Per quali obiettivi possiamo usare le PR digitali, a favore della nostra azienda o della nostra organizzazione? Eccone una lista:

- costruire, rafforzare (o ricostruire) credibilità sul nostro mercato;
- creare e proteggere la nostra reputazione;
- influenzare gli opinion leader;
- sostenere la nostra entrata o crescita nel mercato;
- informare correttamente l'opinione pubblica;
- contribuire a disegnare, nella mente delle persone, una nuova nicchia di mercato, aiutandoci ad occuparla con decisione, fino a divenirne il simbolo;
- affrontare problematiche che ostacolano il nostro business e il raggiungimento dei nostri obiettivi;
- diffondere il nostro punto di vista, far capire la nostra posizione;
- far apprezzare ciò che facciamo, gli sforzi che compiamo;

- educare il mercato, cioè le persone;
- creare un movimento di opinione, far diventare le persone *endorser* o *ambassador* della nostra idea/prodotto;
- creare un sentimento positivo verso di noi;
- allargare la portata e l'efficacia di conversione delle altre attività di comunicazione, attraverso un processo di integrazione sinergica con gli altri strumenti impiegati;
- incentivare l'adozione di comportamenti corretti (per il bene comune, la propria salute...).

1.8 I tempi delle PR digitali

Data la rapidità e l'assenza di «tempi tecnici», le PR digitali possono dispiegare un primo effetto in tempi brevi. Va però considerato che perché il processo si metta in moto, entrano in gioco i tempi (e i relativi colli di bottiglia) delle persone. Un blogger potrebbe avere già molte cose messe «in coda» da raccontare sul suo blog e quando viene esposto alle nostre suggestioni potrebbe volerci qualche giorno (o qualche settimana) perché trovi il tempo per scrivere o lo spazio in cui pubblicare sul suo blog il contenuto che ci riguarda.

Le persone che devono innescare le conversazioni sono in genere veloci ad attivarsi se il tema è «scandaloso», se fa infuriare, se è divertente o ad alto contenuto emotivo. Se invece si tratta di contenuti più ragionati, di emozioni più filtrate o contenute, o di temi con un minore «wow factor», occorrerà probabilmente allora più tempo – e soprattutto un certo numero di stimoli ripetuti – perché si inizino ad attivare opinioni, percezioni, positive predisposizioni che portino il nostro prodotto o marca al centro dei pensieri, e quindi di una conversazione, perché insomma se ne parli; o perché la reputazione che abbiamo progressivamente costruito induca a esprimersi in nostro favore in caso di conversazioni attivate da altri o ai primi segni di una potenziale crisi.

In fondo, il problema delle conversazioni è che sono appunto conversazioni, non monologhi (come è invece il caso dell'advertising). Nel monologo pubblicitario l'azienda dice quello che vuole, gestisce integralmente lo storytelling, nei tempi e nei modi che ritiene più appropriati e produttivi. In una conversazione fra persone, l'azienda non è in genere più di un comprimario (salvo che si tratti di uno di quei rari *lovemarks* – come li chiama nell'omonimo suo libro Kevin Roberts, CEO di Saatchi & Saatchi – la cui parola spesso emoziona masse o nicchie significative). In questi casi di deve dunque pensare in una logica più affine a quella dell'agricoltura che della pubblicità: si prepara il terreno, si semina, si cura, si lascia che la natura faccia il suo corso e si attende il raccolto – che dovrebbe essere auspicabilmente copioso (la pubblicità invece tende a generare dei fuochi più immediati, ma che si consumano in genere più in fretta perché spesso vanno a lavorare meno in profondità).

1.9 I costi delle PR digitali

Sul fronte dei costi, dobbiamo fare un paio di ragionamenti di segno contrapposto.

Il primo: spesso gli investimenti per azioni di PR digitali (ma anche di social media marketing) vengono paragonati ai costi dell'advertising. In questo confronto, emerge che i budget delle PR digitali possono rappresentare un decimo o un centesimo degli investimenti in pubblicità. Questo tipo di confronto non ha però alcun senso. Mezzi e strumenti diversi, come detto, fanno lavori diversi e portano risultati di tipo diverso. E non sono fra loro interscambiabili. Il secondo ragionamento: i costi delle attività di PR digitali sono relativamente contenuti, ma non sono pari a zero. La grande differenza con la pubblicità è che in quest'ultima la maggior parte dei costi sono rappresentati dall'investimento media, ovvero dall'acquisto degli spazi pubblicitari. Nelle PR digitali la maggior parte dei costi è rappresentata invece dalle ore uomo spese a ideare, realizzare e seguire il progetto. Non si tratta infatti, a differenza dell'advertising, di iniziative in cui una volta prodotto l'elaborato creativo e consegnato ai media il lavoro è sostanzialmente concluso. Quelli delle PR digitali sono progetti che, per funzionare, richiedono un impegno assiduo, per periodi anche prolungati di tempo – per costruire e mantenere la relazione con influencer e pubblico, per ottimizzare i contenuti e svilupparne di nuovi, per fare *fine tuning* dei progetti stessi, per seguire ora dopo ora l'evolversi della situazione con l'obiettivo di sfruttare tutte le opportunità. Trattandosi di un lavoro molto *work intensive*, basato sui costi del personale, è evidente che un budget troppo ridotto rispetto alla mole di lavoro da compiere per raggiungere gli obiettivi porterà (nel caso si operi con strutture poco professionali o dalla deontologia professionale debole) a uno o più di questi effetti:

- l'agenzia decide di lavorare sottocosto – situazione che non può prolungarsi indefinitamente nel tempo;
- si tagliano le ore dedicate al progetto, con tutti i rischi derivanti da un

lavoro al quale non siano state applicate tutte le cure e per il quale non siano state svolte tutte le azioni necessarie per raggiungere il successo;
- si utilizzano risorse umane sottopagate o a basso costo e quindi di scarsa esperienza e minor professionalità – con l'ovvio rischio di commettere errori anche grossolani (si sprecano, in rete, le battute su *epic fail* attribuiti a stagisti alle prime settimane di lavoro – mentre in realtà esiste comunque una forte responsabilità di omessa supervisione). Va da sé che i danni causati all'azienda da un fail tendono a superare di parecchi ordini di grandezza i risparmi ottenuti contrattando allo spasimo le remunerazioni di agenzie e consulenti.

Più in generale, per poter far quadrare i conti si «ottimizza» l'impegno delle (limitate) risorse dell'agenzia spalmandole sul maggior numero possibile di clienti, per raggiungere l'indispensabile profittabilità a fine anno. Ovvero si adotta un approccio di limitazione degli sforzi: in un progetto che vede coinvolto un cliente non remunerativo, difficile che si proponga qualcosa extra contratto, l'idea in più, lo sforzo in più che spesso fa la differenza – a meno che non si tenti di spuntare un extra budget.

Al di là di quanto viene poi remunerata l'agenzia, occorre tener conto del fatto che esistono *soglie minime di investimento* sotto le quali è difficile poter sviluppare operazioni di comunicazione significative. Con qualche centinaio di euro (tenendo conto che ci possono anche essere dei costi «vivi», oltre alla remunerazione dell'agenzia o del consulente) sarà molto difficile realizzare per i blogger un evento che lasci il segno o riuscire a gestire in maniera efficace e continuativa le relazioni con un certo numero di influencer.

Un pensiero in più – Non comprare spazi, significa che le PR digitali si possono fare senza spendere?

Se non esiste un costo media, il progetto può essere realizzato a costo zero solo nel caso in cui l'azienda o l'ente committente effettuino in proprio tutto il lavoro (ma va comunque considerato il costo del lavoratore, il tempo investito sul progetto...). Questo scenario prevede che l'azienda abbia:

- le *competenze* interne per svolgere correttamente il lavoro, senza rischiare di sviluppare progetti che non portano risultati o che al contrario portano effetti negativi;
- il *tempo* da dedicare a seguire un progetto che può richiedere giorni o settimane/uomo (o più) per il suo sviluppo, esecuzione, gestione e follow up.

Il ricorso a un'agenzia o consulente esterno deve essere al contrario correttamente remunerato, sia perché si fa outsourcing (si paga il tempo che qualcuno impiega a lavorare per noi) sia perché competenza e professionalità vanno remunerate. Detto questo, va sottolineato che è sempre opportuno ragionare in una logica di integrazione di più strumenti, associando PR digitali ai social media e possibilmente alla pubblicità – anche solo per riuscire ad accorciare i tempi in cui la nostra azione riuscirà a produrre risultati misurabili. E tutto ciò ha, naturalmente, un costo.

1.10 Non esiste la controllabilità dei risultati

In advertising l'azienda determina, scendendo fino a dettagli infinitesimali, che cosa apparirà nel messaggio e come il messaggio sarà espresso (si pensi allo spot o alla pagina pubblicitaria). Nelle PR digitali l'azienda predispone degli stimoli cui saranno esposti gli influencer, i giornalisti, il pubblico… ma non c'è alcuna certezza su *come* poi questi stimoli saranno veicolati dagli intermediari fino al pubblico. Un esempio classico: per promuovere positivamente un prodotto, inviamo un paio di campioni a un blogger importante. Il blogger però nutre qualche dubbio sulla veridicità di quanto diciamo sul nostro prodotto, esegue quindi qualche test e analisi e ne ricava un articolo negativo, trasformando quello che speravamo essere un contatto positivo in un risultato che ci danneggia. È quanto successo a Fuelshark, dispositivo che prometteva miracolosi risparmi sul consumo di carburante: fino a quando è finito tra le mani di Jason Torchinsky, blogger di jalopnik.com, che dopo averlo provato lo ha stroncato definendolo letteralmente «una stronzata». Conclusione: se non c'è il prodotto, non c'è comunicazione che tenga.

Un altro aspetto da considerare è che, non intercorrendo un rapporto di «vendita di servizi» da parte degli influencer alle aziende, non esiste la possibilità per l'azienda di pretendere la garanzia di un risultato positivo.

E, ancora peggio: poiché l'influencer conosce il proprio pubblico, potrà decidere autonomamente quali siano il modo e il linguaggio più appropriato per raccontare un prodotto o supportare una causa in cui crede. Ma questo approccio potrà risultare inadeguato per aziende meno sensibili e non competenti, abituate ai meccanismi con cui realizzano uno spot pubblicitario o una telepromozione: si irriteranno quando il blogger devierà dal testo della press release, magari sintetizzando un comunicato dettagliatissimo. Un comportamento di questo tipo porterà facilmente l'azienda a esprimere critiche verso l'agenzia e delusione rispetto all'influencer, creando tensioni anche se in realtà la comunicazione sarà stata passata al pubblico nella maniera più corretta per il target.

Esiste poi la possibilità che, se sbagliamo la comunicazione, il pubblico reagisca. Un pubblico che, sempre di più, si è fatto parte in causa della relazione con aziende, marche, organizzazioni – e pretende di dire la sua. Anche se ben «massaggiato» da operazioni di comunicazione che ci sembrano ottimali, il pubblico potrà reagire negativamente. Questo dipende in larga parte dalla discrepanza tra ciò che il comunicatore giudica adeguato per il suo pubblico e ciò che invece pensa il pubblico stesso.

Qui gli errori capitali sono in genere:

- non pensare con la testa del pubblico. Se, per esempio, a noi piace e conforta udire un panegirico sul nostro prodotto, su come cambierà i destini delle persone, per i destinatari un discorso simile potrà apparire del tutto irrilevante, potrà anzi urtare la loro sensibilità perché usa un linguaggio, temi, promesse eccessive rispetto all'effettivo impatto sulla loro vita. E di qui si potranno scatenare critiche, sfottò, sbeffeggi;
- non conoscere la cultura e i linguaggi degli ambienti in cui andiamo a operare: il nostro modo di parlare suonerà allora strano, inadeguato;
- evitare di pensare, con un tocco di paranoia, a ciò che potrebbe andare storto, col rischio di farci poi sorprendere da eventi che a posteriori sembreranno prevedibili ma che non erano stati (per superficialità, per inesperienza) valutati *ex ante*.

Detto questo, il tasso di problemi in operazioni di PR digitali è tendenzialmente basso; i cosiddetti *epic fail*, i casi di cui si parla, fanno notizia proprio perché in fondo sono pochi. E sono in genere causati da grossolani errori di valutazione in fase di progettazione dell'azione.

Peraltro, buona parte dei fail che si sono visti ultimamente hanno generato più ironia e presa in giro che attacchi virulenti; ci si è riso sopra, si è sbeffeggiata la marca ma poi si è andati avanti e si è pensato ad altro – al punto che alcuni teorizzano (ma non è certo una tesi corretta) che si generino apposta i fail, in modo da far sì le persone parlino male di noi – in modo da far sì che di noi comunque si parli. Certo è che quanto più la nostra azienda/marca/organizzazione è criticata, è nel mirino, è soggetta a controversie, tanto più il rischio di attacchi è forte e quindi tanto maggiore dovrà essere la nostra cautela e tanto più minuziosa la preparazione dell'azione di comunicazione – ma se si fanno le cose per bene, con competenza e buon senso, con un approccio strategico e si ascolta il mercato, il rischio di clamorosi infortuni tende a essere decisamente basso.

Da leggere

Il dibattito sul futuro delle Relazioni Pubbliche è in corso da tempo, con posizioni anche molto diversificate. Interessante leggere, per esempio:

- Ben Cotton, «Change is Coming: PR Practice & the Next Decade», socialwebthing.com;
- Ben Cotton, «The Rise of Two Tier PR», socialwebthing.com;
- Robert Phillips, «Trust and the Fall of Public Relations», robertphillips.co.uk;
- Deirdre Breakenridge, *PR 2.0. A Communicator's Manifesto*, changethis.com.

2 Che cosa significa «reputazione» e perché è tanto importante

2.1 Definizione di *online reputation*

> If you lose money for the firm I will be understanding. If you lose reputation I will be ruthless.
> – Warren Buffet

Il tema della reputazione nelle PR digitali attiene alla costruzione di un'opinione positiva attraverso l'uso dei canali digitali e degli influencer attivi in rete (ma anche fuori, con conseguenti sovrapposizioni con il mondo delle PR tradizionali).

Una reputazione positiva è importante perché facilita la preferenza d'acquisto, riduce il rischio e la gravità degli effetti sul pubblico di una eventuale crisi, aiuta una relazione con gli stakeholder in grado di influenzare il successo della nostra attività.

Anche in questo caso è facile farsi prendere dalla sindrome da definizione e inseguire una sintesi che però poi nella realtà dei fatti non ci aiuta a capire di che cosa stiamo effettivamente parlando.

Se cerchiamo in rete, troviamo alcune proposte di definizione, per esempio:

> The status of a corporation in the Internet through blogs, public discussions and other Web articles. The corporation's reputation can be controlled or monitored by checking any mention of the firm and removing any negative comments or promoting positive ones.
> (voce «Online Corporate Reputation», in BusinessDictionary.com)

In una visione un po' più alta (anche se verbalizzata in modo molto meno elegante), la reputazione è la summa di ciò che le persone pensano di noi. E di ciò che dicono di noi agli altri, contribuendo a influenzare la percezione di noi, cioè appunto la nostra reputazione, in coloro che li stanno ad ascoltare.

In epoche pre-Internet, il fenomeno del passaparola poteva generalmente assumere dimensioni limitate e la reputazione passava in larga misura attraverso i mass media, sia con la pubblicità sia con i contenuti editoriali. La reputazione era quindi difficilmente misurabile, se non attraverso gli strumenti delle ricerche di mercato, perché la voce delle persone era difficilmente ascoltabile (e, in fondo, anche relativamente rilevante). Oggi, invece, le persone parlano (e secondo certe aziende, parlano pure troppo) e abbiamo il problema opposto: la voce delle persone è molto rilevante ma è sparsa ovunque, relativamente facile da ascoltare ma sparpagliata in così tanti luoghi della rete, in migliaia o milioni di conversazioni, da diventare non banale riuscire a sentirla. Parliamo allora di *reputazione online*, della somma di queste conversazioni e dell'effetto che hanno su chi le ascolta e chi vi partecipa.

Le persone, oggi, passano molto tempo in rete e buona parte di questo tempo viene passato sui social media. In larga parte a fruire passivamente; e meno male, altrimenti ci sarebbe così tanto contenuto in giro che nulla sarebbe più fruibile. Ma si parla, e si parla parecchio. Si parla di cose che ci interessano, ci eccitano, ci stimolano, ci fanno arrabbiare, ci definiscono come persone. Si parla di fatti personali, si parla (molto) di tv, si parla di marche, di aziende, di prodotti. E parlando si influenza l'opinione, la percezione di chi ci segue e ascolta. Si contribuisce a creare reputazione.

2.2 La differenza tra «immagine» e «reputazione»

Nel linguaggio pubblicitario si usa spessissimo il termine «immagine» ma l'immagine e la reputazione non sono la stessa cosa e spesso non sono allineate.

Nella realtà delle cose l'azienda deve fare i conti con quattro macro fattori:

- l'*identità*: la propria realtà, ciò che l'azienda è oggettivamente, nei fatti;
- la propria *auto-percezione*: come l'azienda ritiene di essere, come si vede (e qui entrano in gioco fattori anche psicologici che a volte impediscono di percepire la realtà dei fatti e quindi possono portare a compiere scelte sbagliate);
- l'*immagine*: ovvero come l'azienda ha deciso sia funzionale e appropriato essere percepita, quale ritratto di sé ha deciso di trasmettere al mercato (può coincidere o meno con l'idea che il pubblico si è fatto dell'azienda);

- la *reputazione*: cioè (semplificando un po') come in realtà l'azienda, la marca, è davvero percepita dal proprio pubblico e dai propri stakeholder.

In un mercato dove l'impatto dei mezzi digitali e sociali ha portato una ventata (spesso travolgente) di trasparenza, spesso è evidente la distonia tra questi quattro fattori. La differenza tra quello che siamo, quello che crediamo di essere e soprattutto tra quello che vogliamo si pensi di noi e come veniamo in realtà visti appare sempre più spesso macroscopica. Con un effetto negativo importante: la costruzione di una marca forte passa anche attraverso la coerenza, mentre i fattori distonici portano a dissonanza, impattando in modo ulteriormente negativo sulla reputazione.

Un'impresa che comunichi in modo incoerente con la propria percezione sul mercato dà adito a dubbi; ci si può lecitamente domandare se stia volutamente cercando di ingannare il pubblico o (forse peggio) se non si tratti di un'azienda che non ha un solido contatto con la realtà, che vive in mondo di sogni invece che in un mercato duro e competitivo. Se la gestione della reputazione ha come obiettivo quello di avvicinare la percezione che il mercato ha di noi all'identità che noi abbiamo deciso di costruirci, non possiamo sottovalutare la coerenza della nostra comunicazione con la realtà (percepita).

2.3 La reputazione è importante perché si trasforma in quote di mercato

> It takes 20 years to build a reputation and five minutes to ruin it. If you think about that, you'll do things differently.
> – Warren Buffett (citato da Brad Tuttle, «Warren Buffett's Boring, Brilliant Wisdom», *Time*)

Quando facciamo un acquisto in fondo corriamo sempre un rischio: non aver fatto la scelta giusta, non aver risolto nel modo migliore il nostro problema (lo stesso si applica quando si tratti dell'adesione a un'idea politica, a una scelta di vita). Esiste sempre un elemento di incertezza, specialmente di fronte a marche, prodotti, idee per noi nuove. Ancora peggio nel caso di beni esperienziali, come un'assicurazione, di cui non scopriremo la validità se non quando sarà troppo tardi. O di beni che rappresentano per noi un investimento economico non trascurabile. E l'incertezza è normalmente un freno alla decisione: cerchiamo di capire, cerchiamo di ridurre i rischi, cerchiamo di fare la scelta giusta. Ci sono poi, molto spesso, tutta una serie di fattori emozionali, di marca, intangibili, che contribuiscono fortemente a indirizzare la nostra scelta. Per esempio riconoscersi o non riconoscersi in una marca di auto, di abbigliamento o di una birra.

In molti casi dunque il potenziale cliente ricerca attivamente informazioni fattuali ma anche pareri, opinioni ed esperienze da parte di chi ha già provato il prodotto. Cerca di capire chi aderisce ad una marca, che tipo di persone vengono aggregate da un'idea, che gente c'è in un locale. Tendenzialmente, ai nostri giorni, questo lavoro di ricerca viene fatto in rete; esposte a migliaia e migliaia di conversazioni, le persone immagazzinano opinioni, pareri, insulti e lodi che possono lasciare il segno e riemergere dopo molto tempo, quando a quel prodotto o scelta saranno interessate. Di certo non è solo la rete a influenzare la reputazione di un'azienda, di una marca o di un prodotto: le operazioni di comunicazione della marca, ciò che si è letto sui giornali o sentito in tv, quello che ci hanno detto i colleghi alla macchinetta del caffè determinano un portato di percezione che tende a riemergere. Tutto si accumula, si sedimenta, definisce la nostra opinione e influisce sulle nostre scelte.

Andando più sul concreto, è intuitivo che una reputazione negativa genera dubbi, resistenze; non facilita il nostro business, il raggiungimento del nostro obiettivo. In un ambito più allargato, una buona reputazione farà sì che un giornalista o un influencer sia meno propenso ad attaccarci o quanto meno faccia qualche verifica in più quando un *rumor* negativo potrà sembrargli distonico rispetto alla percezione che ha di noi. Una buona immagine di noi potrà aiutarci nel rapporto con stakeholder e influencer anche a livello istituzionale («è gente seria...», «è un'azienda attenta al sociale», «è un'impresa che porta valore alla sua comunità territoriale»...).

In un mondo dove – lo vediamo tutti i giorni – la fiducia è in declino, la reputazione è un asset sempre più influente nel generare business, adesioni, seguito. La fiducia non è un concetto astratto, tutto sommato aggirabile. Basti pensare a un'azienda che intenda vendere online: quanti compreranno (e quindi daranno modo all'azienda di sopravvivere) se non si fidano della serietà e dell'onestà dell'azienda, della sua capacità di delivery efficiente, del trattamento adeguato dei dati rilasciati...?

Da leggere

Ecco alcuni studi significativi sull'impatto economico della reputazione per un'azienda:

- Simon Cole, «The Impact of Reputation on Market Value», *World Economics*, Vol. 13, No. 3, July-September 2012, www.reputationdividend.com;
- Michael Luca, «Reputation, and Revenue: The Case of Yelp.com», www.hbs.edu;
- «HBS Study Finds Positive Yelp Reviews Boost Business», harvardmagazine.com.

2.4 I driver principali della reputazione

La reputazione è sostanzialmente un processo psicologico che avviene nelle persone che, sottoposte a una serie di input dall'ambiente che le circonda, li rielaborano arrivando a formulare una percezione, un'opinione.

Tra gli input fondamentali che costruiscono la percezione (che può venire condivisa con gli altri, contribuendo alla costruzione di una reputazione diffusa) possiamo annoverare:

- *quello che si sente dire di noi*: che cosa si dice e come lo si dice. Toni esagitati o posizioni politiche/ideologiche («critico la specifica azienda alimentare perché sono contrario a priori all'industrializzazione del settore agroalimentare») possono esercitare un certo impatto su un gruppo di persone che condivida la medesima visione, ma risultare poco impattanti su gruppi più ampi di individui che non sono sensibili a determinate tematiche o che hanno idee diverse. Un approccio irato e insultante può essere meno convincente di critiche più fredde e razionali (o viceversa, dipende dai target...). Un approccio sensazionalistico può innescare la diffidenza in un pubblico più riflessivo e oggettivo;

Il ruolo del citizen journalism

L'effetto del *citizen journalism*, vale a dire delle persone «comuni» che si fanno giornalisti e scovano (e diffondono) storie, può farsi sentire in modo rilevante quando offre spunti o dà spazio a voci complementari o antagoniste rispetto a quelle dell'informazione «ufficiale».
Si veda l'articolo Di Nida Khan, «The Revolution May Not Always Be Televised, But It Damn Sure Will Be #Tweeted», apparso su *Huffington Post*.

- *frequenza delle critiche*: leggere una critica ogni tanto probabilmente non sposterà le nostre opinioni su un'azienda criticata, ma se invece dovesse capitare con frequenza di imbatterci in critiche e attacchi, allora probabilemente inizieremo a farci venire dei dubbi, a domandarci se non ci sia del vero, visto che ogni giorno – e da fonti diverse – si parla male di quella marca, azienda, prodotto;
- *autorevolezza della persona* (o della fonte, testata ecc. che parla): qui arriviamo al tema degli influencer, che affronteremo con maggiore dettaglio nel Capitolo 4. Se a parlare e a scrivere sarà una persona che conosciamo direttamente, tenderemo a prendere in una certa considerazione le sue opinioni (sempre che il nostro «amico» goda presso di noi di una buona reputazione). Se sarà un'autorità, una persona nota, potremmo ritenerla più credibile; ma se la persona non è coerente con la marca di cui parla e con il suo stile o se è una personalità verso la quale ci sentiamo in disaccordo o in opposizione, la sua influenza sarà nulla o potrebbe addirittura agire in noi in senso contrario. In sostanza, è cambiato il concetto di *autorevolezza* e, a seconda del target con cui abbiamo a che fare, dobbiamo fare i conti con questo aspetto. Attenzione, infine, che anche le interazioni offline (*in primis* ascoltare un negoziante esperto e credibile) portano un forte impulso al consolidamento delle opinioni;
- *esperienza di prima mano*: difficile che un'esperienza positiva con una marca o un prodotto (anche in presenza di un passaparola negativo) manchi di influenzarci positivamente. Se l'esperienza d'uso è stata soddisfacente, penseremo che le persone che si lamentano siano state sfortunate, incapaci di usare o apprezzare il prodotto/servizio o peggio siano in mala fede e prevenute. Inoltre, se abbiamo sedimentato una percezione positiva, un'esperienza negativa di prodotto potrà lasciare un segno meno profondo, potrà influenzare di meno. Per capirci, in un ristorante dove abbiamo sempre mangiato piacevolmente, se ci capita che una sera il servizio non sia proprio all'altezza delle aspettative, potremmo decidere di concedere una seconda possibilità (ed evitare immediate stroncature su TripAdvisor). Certo è che se l'esperienza è fortemente negativa, la delusione, la dissonanza con ciò che sentivamo, potrebbe essere molto forte e quindi trasformarci da fan in amanti traditi e detrattori decisi;
- in sostanza, per l'ennesima volta, si riconferma l'importanza di avere «i fondamentali a posto», come base per la costruzione di una reputazione positiva. Anzi, la chiave del successo sta nell'«*underpromise* e *overdeliver*», nel promettere meno di quanto si farà, sorprendendo positivamente. Promettere la consegna in 48 ore e consegnare in 24 (il

contrario creerebbe insoddisfazione e voglia immediata di condividere la disavventura con i propri conoscenti). Impossibile quindi pensare di costruire una buona reputazione senza solide performance di prodotto; e insensato pensare a operazioni cosmetiche, pur anche creative, che permettano di ottenere risultati duraturi nel tempo se i basic del business e del marketing mix non sono a posto;

- *che cosa e come comunica l'azienda*: può sembrare un po' assurdo o forse scontato includere questo elemento, ma ci sono importanti riflessioni che può essere utile esplicitare, anche solo attraverso alcuni sintetici spunti di riflessione (che sicuramente non esauriscono il tema, molto ricco e complesso):
  - quello che diciamo è *coerente con quello che il mercato percepisce*? Se non lo è, come giustifichiamo la differenza, per evitare che le persone pensino che stiamo mentendo loro o che viviamo scollegati dalla realtà?
  - quello che comunichiamo è *coerente su ogni mezzo e ogni piattaforma*? È di valore (strategico, esecuzionale) adeguato? Troppe volte, a fronte di campagne pubblicitarie rutilanti, i potenziali clienti incappano poi nel loro percorso d'acquisto in siti web deludenti, incoerenti, malfatti, app mobili mal pensate e mal funzionanti, segni evidenti di un'azienda non così smart, non così cool, non così affidabile;
  - come lavorano sul fronte della reputazione i *nostri social media*? Il rischio più comune è di essere noiosi e poco interessanti – esito sovente frutto di una gestione superficiale dei canali social, con scarsi fondi o scarso convincimento. D'altra parte, fughe in avanti, gestioni non pensate strategicamente, basate sulla buona volontà e fantasia ma affidate a persone con poca esperienza nel campo possono portare a infortuni, fail o semplicemente a comunicare con toni e modi non coerenti con le aspettative del pubblico, dissonanti da come siamo percepiti grazie ad altri canali;
  - la *nostra relazione con le persone*: come ci relazioniamo, innanzitutto sui social network, con le persone che chiedono di parlare con noi, che ci pongono domande, che ci criticano? Non rispondere non è in genere una buona soluzione, rifiutare il dialogo può portare a danni più consistenti; ma è pur sempre meno peggio di una reazione aggressiva, della mancanza di rispetto o del fornire risposte inconcludenti e generiche – che ingenerano l'impressione che si stiano prendendo in giro i propri interlocutori. Occorre ricordarsi che un fattore emotivo di potentissima efficacia è rappresentato dal sentire che «l'altro» è interessato a noi e al nostro benessere. Avvertire disinteresse verso di

noi genera sensazioni negative e resetta la relazione in una modalità biecamente da cliente/fornitore, in cui è lecito comparare e scegliere (solo) in base ai prezzi, non in base alla marca.

2.5 Come si formano una reputazione delle marche le persone che si muovono in rete

Qualsiasi touchpoint, qualsiasi mezzo, occasione, esperienza contribuisce a costruire la nostra reputazione. Più in generale le persone si formano un'idea su di noi attraverso una serie di mezzi/strumenti capaci di veicolare un'informazione credibile e *compelling*. Dato che le PR digitali si muovono nel mondo dell'online, con riferimento a esse possiamo dire che le principali fonti di costruzione della reputazione sono:

- ciò che si legge su *blog autorevoli* (e frequentati: un blog o una testata che parla a dieci persone sposta poco la percezione, a meno che non parli a dieci persone molto autorevoli e con un grande pubblico, il che permette potenzialmente a questi primi dieci contatti di trasformarsi poi in milioni di letture);
- ciò che si legge su *siti di recensioni*, magazine online seguiti e autorevoli e ovviamente sui nostri siti. Particolarmente critici sono all'interno di questa categoria i commenti di acquirenti direttamente sui siti di e-commerce (come Amazon o eBay) o sulle piattaforme espressamente dedicate alle recensioni, veri e propri «aggregatori di reputazione» (come TripAdvisor);
- ciò che si dice nelle *discussioni*, nei *forum*, nelle *community* di appassionati (in genere altamente credibili in quanto molto esperti, sperimentatori molto attenti, analitici come solo qualcuno innamorato di un tema può essere);
- ciò che si legge sui *social network*; che cosa scriviamo noi nelle nostre pagine e i commenti ricevuti; che cosa si legge su pagine «indipendenti» che parlano di noi; quali conversazioni avvengono spontaneamente in rete su di noi;
- ciò che si trova nei *motori di ricerca* che, da un lato, ci portano a una delle categorie di cui sopra; ma dall'altro – pubblicando brevi estratti dei risultati – ci permettono già a colpo d'occhio di farci una prima idea su ciò che si dice di noi (se nella prima pagina dei risultati troviamo tutte critiche negative o tutti commenti favorevoli, potremmo anche decidere di non cliccare e non continuare l'esplorazione).

Un pensiero in più – La reputazione coincide con le conversazioni?

L'ascolto delle conversazioni è fondamentale ma dobbiamo avere ben presente che cosa stiamo monitorando. Dobbiamo essere consapevoli che normalmente solo una piccola parte delle persone che ci seguono e ci conoscono, parlano di noi. Stiamo ascoltando la punta di un iceberg: ma che cosa c'è sotto il pelo dell'acqua? Sapendo che le conversazioni sono stimolate da forti emozioni, è normale che a parlare siano le persone più motivate e più schierate. Ed è normale che le persone che stanno a metà, quelle che ci amano così così o non ci stimano particolarmente, non vedano motivo per iniziare o partecipare a una conversazione.
Dobbiamo quindi attrezzarci per capire:

- se le persone che parlano (bene, male) di noi siano rappresentative dell'universo delle persone e rappresentino un'opinione abbastanza diffusa;
- se le persone che parlano di noi siano una minoranza particolarmente motivata, mentre la maggioranza silenziosa ha un'altra opinione – che per disinteresse o distrazione non ha voglia di esprimere.

Anche se la minoranza vocale è piccola, non possiamo ignorarla: una valanga spesso inizia da un fiocco di neve e i pochi che partecipano a una conversazione (specialmente se influenti, motivati, capaci) possono avviare un movimento di opinione nei nostri confronti in grado di raggiungere dimensioni notevoli. È quindi importante non solo monitorare quanto si parla di noi e che cosa si dice ma anche individuare chi è a parlare, sia per comprendere meglio il nostro pubblico, identificare chi è più sensibile alle nostre argomentazioni (e quali tipi di persone ci si schierano contro) e migliorare così la nostra comprensione del mercato e mettere a punto le nostre strategie; sia per capire meglio il potenziale di influenza (positiva o negativa) che queste persone che di noi parlano possono mettere in campo, che tipo di fattore possono rappresentare nell'equazione che definisce la nostra reputazione online.

2.6 La visibilità come primo passo per la propria reputazione

Senza *awareness* è impossibile avere una qualsiasi reputazione; è quindi indispensabile predisporre attività mirate a costruire notorietà, rivolte espressamente a chi non ci conosce (o all'intero mercato, se siamo in fase di lancio). Ma anche quando godiamo di una notorietà diffusa, non è detto che siamo in cima ai pensieri delle persone, che la gente si ricordi bene di noi, abbia le idee chiare su che cosa davvero siamo e che cosa stiamo facendo.

Visibilità vuol dire apparire agli occhi di chi non ci conosce. O di chi ci ha dimenticato. Di chi non ci considera abbastanza. Ma anche agli occhi di chi ci ama e ha bisogno di conferme. Occorre quindi governare il processo, avere una strategia, organizzare, sulla base di un piano, una serie di attività che ci permettano di essere notiziabili e di venire ripresi da fonti terze (oltre ovviamente a tutte le attività che non fanno parte delle PR, quali l'advertising, il social media marketing ecc.). Tutto ciò significa lavorare per fare arrivare agli occhi, alla testa e al cuore delle persone degli stimoli che non siano percepiti come manipolati e pagati dall'azienda all'interno di un modello prettamente pubblicitario.

Perché il processo di visibilità si inneschi dobbiamo essere in grado di fornire spunti interessanti e fertili. In genere non basta un video di prodotto perché la rete inizi a parlare di noi (a meno che il nostro non sia uno di quei prodotti iconici, attesi, amati). Non basta un comunicato stampa per guadagnare visibilità. Ma non va bene nemmeno perseguire attività di forte impatto mediatico di cui non sia chiara l'associazione con la nostra marca e organizzazione, che cosa c'entrano con noi dal punto di vista strategico.

In questo senso, i rischi di un'attività che privilegi la visibilità ma non curi la coerenza con la nostra brand equity sono (semplificando a fini didattici) almeno tre:

- ci si ricorda la notizia, ma non l'azienda/marca che c'era dietro; con un impatto dunque zero sulla nostra reputazione;
- ci si ricorda la notizia e la marca/organizzazione, ma non si capisce perché ciò che passa attraverso l'evento appaia in contrasto con quella che è la percezione che abbiamo della marca; si avverte come la sensazione di qualcosa di strano e distonico – con il rischio di un indebolimento della nostra reputazione;
- ci si ricorda tutto... ma si considera l'evento notiziabile e sbagliato, in contrasto con ciò che ci si attende da noi, una violazione delle aspettative, una rottura di quei meccanismi valoriali che ci hanno portato ad amare la marca, a supportare l'idea. Di qui l'insorgere di critiche che possono danneggiare sensibilmente la nostra reputazione.

Per concludere, è opportuno ricordare che uno dei fattori che influenzano il processo di costruzione della marca è la sua *ubiquità* (o quasi). Una marca che incontro più volte al giorno ha ottime probabilità di diventare nella mia percezione una marca importante, di diventare *top of mind*, di essere una di quelle che vado a esplorare quando entro in un processo d'acquisto. Attenzione però che se l'ubiquità è solo pubblicitaria, è possibile che la marca venga identificata come uno *spammer*, un'azienda (o organizzazione) che spende molto per farsi vedere e che sostanzialmente mi «rompe le scatole» fino all'esasperazione. Cosa diversa è invece vedere, al di là della pubblicità, che della marca si parla frequentemente (e, se se ne parla tanto, viene evidentemente da pensare che sia una marca importante), che è citata negli articoli, sui social media, nelle conversazioni online (ma anche, auspicabilmente, alle macchinette del caffè in azienda, nei bar, sul treno).

Da leggere

Sul tema dell'intersezione tra PR digitali e social media, interessante è l'articolo firmato da Leyl Master Black, «5 Smart Social PR Campaigns to Learn From», mashable.com.

2.7 Visibilità e motori di ricerca

Quando si parla di visibilità è inevitabile ricordare ancora una volta il ruolo dei motori di ricerca che influenzano in modo drastico ciò che le persone vedono e non vedono, agendo quindi da filtro. Anche se il motore di ricerca è laico nel suo approcciarsi ai risultati, ciò che viene restituito all'utente che effettua una ricerca ha indubbiamente un forte impatto sulla sua percezione. In un qualche modo è l'algoritmo di Google che decide a che cosa devono essere esposte le persone in target e, presentando un sottoinsieme di ciò che si dice di noi in prima pagina, contribuisce a costruire una potente *first impression*.

L'esempio più tipico ha a che fare con il tema della crisi. Un utente che non conosca bene una marca e la cerchi online potrà trovare, anche a distanza di anni, una serie di commenti e notizie negative, legati a un problema avvenuto in passato ma che ha avuto talmente tanta diffusione da permanere molto visibile anche molto tempo dopo. Questa permanenza rende critico lavorare, in ottica SEO (ma non solo), per il miglioramento e la manutenzione continua delle nostre posizioni nei risultati di ricerca attinenti a ciò che siamo e al mercato in cui vogliamo operare.

Non si tratta però di credere che esistano dei «trucchetti» tecnologici in grado di garantirci il successo in termini di ciò che Google mostrerà o nasconderà. Il nostro posizionamento dipende in misura molto forte da ciò che si dice di noi, dalla quantità e qualità dei contenuti che riguardano il nostro brand, prodotto, reputazione, keyword attinenti. Dipende da che cosa succede attorno a noi sui social media, nei forum e nelle conversazioni, nei percorsi di link che portano ai nostri contenuti (o ai contenuti che ci riguardano), insomma dipende (anche) dalla nostra abilità quando facciamo PR digitali.

E un buon posizionamento a sua volta amplificherà i risultati e potrà portare nuovi contenuti, nuove conversazioni positive, in un circolo virtuoso.

Non dobbiamo attendere passivamente che salga il nostro ranking: si tratta di darsi da fare in modo proattivo, all'interno di un progetto. La cosa più semplice che possiamo fare (anche se comporta costi, tempi e necessità di organizzazione non banali) è pubblicare contenuti di qualità, in modo regolare, diffondendoli in rete in modo che le «persone giuste» li possano trovare, stimolando le conversazioni e le ridiffusioni. Possono essere white paper che approfondiscono un tema in logica B2B, possono essere video interessanti, utili, divertenti. Possono essere ricerche o infografiche di sintesi. Può essere un programma in pochi punti o un documento di analisi di molte pagine. Può essere una guida o una presentazione educativa su Slideshare. Può essere un'iniziativa collaborativa sui social media, dove si coinvolgono le persone, un concorso o un progetto di costruzione di un'iniziativa.

2.8 Reputazione e passaparola

Nel mondo digitale e soprattutto social il fenomeno che si è innescato è di portata tale da cambiare realmente il contesto in cui viviamo. Le persone hanno acquisito diritto di parola, quindi potere. Hanno acquisito la capacità di far sì che le proprie opinioni (giuste o sbagliate che siano) siano iniettate su Internet, quindi potenzialmente (molto potenzialmente...) visibili a numeri elevatissimi di persone. Hanno trovato il modo di avere voce nelle conversazioni e di esercitare collettivamente o singolarmente un potenziale di influenza nella costruzione (o distruzione) di reputazione. E di esercitare questa influenza in tempi rapidi, con poco sforzo e con la possibilità di far viaggiare a lungo e molto lontano le proprie idee, attacchi, complimenti, endorsement, dichiarazioni d'amore.

Quando parte il fenomeno del passaparola, i messaggi che ci riguardano possono espandersi molto più in là e più credibilmente della pubblicità. Portarci vantaggi a costi bassi o metterci a rischio e costringerci a confrontarci con le persone, a volte con le singole persone – cosa in passato impensabile e considerata inutile. Possiamo cercare di influenzare questi fenomeni, certamente non di controllarli, anche perché talvolta si innescano indipendentemente da quello che facciamo, dalla nostra presenza sui social o digitale in genere. Di certo, meno comunichiamo, meno curiamo la nostra reputazione e più è difficile che di noi si parli, e bene.

2.9 Non è pubblicità: è essere interessanti e utili

Una delle chiavi per far crescere la nostra reputazione è di dimostrare da un lato la nostra competenza, dall'altro il nostro atteggiamento a favore delle persone.

Come già accennato, intercorre una differenza enorme tra un rapporto pensato sul reciproco scambio di valore economico (io vendo, tu compri), uno basato sulla collaborazione (faccio cose per guadagnarci, ma tu le devi comprare perché sono davvero pensate per aiutarti) e uno basato sull'amore per i propri clienti.

Il primo tipo di rapporto (reciproco scambio di valore) è quello tipicamente mercantile, molto B2B e molto classico. È il rapporto tra fornitore e cliente – dove contano solo il prezzo, la qualità, l'affidabilità, la competenza. Un rapporto puramente mercenario – che dal punto di vista dell'affettività e dei valori intangibili ha i suoi limiti. Una relazione razionale che poggia anche sulla comparazione, il confronto con la concorrenza, il costante tentativo dell'acquirente di far leva sui competitor per spuntare un prezzo inferiore, se non addirittura di arrivare a scegliere il fornitore unicamente sulla base del prezzo minore. Con conseguente negazione di validità al concetto stesso di brand.

Il secondo tipo di rapporto (collaborazione, considerazione e interesse verso i clienti) è quello probabilmente più forte e interessante. Corrisponde a un'azienda che ha compreso che il successo di mercato si basa sul generare soddisfazione e successi per i propri clienti. Che ha capito che il cliente (o il prospect, il futuro aderente, votante...) deve stare al centro e che l'azienda/organizzazione esiste solo nella misura in cui riesce a soddisfarne i desideri. Evitando un approccio di manipolazione (faccio quello che mi serve fare per perseguire i miei interessi, ma cerco di rifilarti il mio prodotto standard come se fosse una cosa pensata su misura per te). Sposando la filosofia di darsi da fare, e molto, per i propri clienti, al limite anche di regalare qualcosa, di andare al di là del minimo contrattuale – comportamento spesso un classico di imprese/consulenti intelligenti che operano in ottica B2B, ma molto meno diffuso nel largo consumo, dove l'azienda alla fine tende a essere poco interessata al singolo utente finale.

Il terzo tipo di rapporto (l'amore, l'ossessione verso i propri clienti) è poco credibile. Difficile trovare un'impresa che davvero possa dire di amare il proprio pubblico – salvo forse il caso, sperimentato almeno una volta probabilmente da tutti, di quegli artigiani, ristoratori, attivisti che svolgono con passione la propria attività perché ci credono, perché la vedono come una missione. Ma nel caso di aziende di grandi dimensioni, che rispondono ad azionisti, occorre uno sforzo cospicuo per convincere il pubblico che un atteggiamento di questo tipo non è manifestazione di quel certo modo di far pubblicità troppo spesso visto nelle fiere di paese o da parte di imbonitori televisivi e truffatori seriali, teso in realtà a turlupinare i consumatori. Senza contare che l'ossessione per la clientela comporta costi elevati per l'azienda, che poi si scaricano su prezzi più elevati per il cliente – nel qual caso la clientela può decidere di amarci e rispettarci ma di comprare da chi costa meno, anche a costo di rinunciare a qualche vantaggio.

In questa logica relazionale, qualunque sia il nostro tipo di approccio e filosofia, fa sempre bene impegnarsi per dare valore aggiunto alla clientela e al pubblico in generale. Per esempio regalando contenuto. Invece di tener gelosamente chiusa l'informazione in un cassetto ed erogarla solo ai clienti attuali (tenendola nascosta a quelli potenziali), si inverte il processo: prima dono know-how e dopo mi attendo vendite. Anche perché diffondendo know-how dimostro tangibilmente la mia competenza e la mia esperienza.

Questo tipo di ragionamento ha dato origine a una vera e propria alluvione di informazione proveniente dalle aziende (dai white paper ai video tutorial), che si è andata però ad aggiungere a tutto il contenuto *user generated*. Col risultato che oggi, da un lato, cercando un «come si fa» su più o meno qualsiasi cosa, si viene sommersi da quantità spropositate di informazioni, guide, manuali, la maggior parte dei quali non originano da chi una volta aveva titolo a diffonderli: i produttori o gli esperti professionali (si veda per esempio tutto il mondo dei tutorial sul make-up); dall'altro, il successo (o anche solo la visibilità) non è più così scontata: non è più solo l'azienda a diffondere know-how, anzi, fonti esterne sanno farlo anche meglio e in modo più credibile – con il problema addizionale che una fonte terza non si limiterà a darmi il consiglio e il video passo passo che mi insegna «come si fa»: spesso aggiungerà le proprie raccomandazioni su prodotti e fornitori, influenzando le scelte d'acquisto.

In questo contesto diventa importante (dove possibile e praticabile) lavorare non solo sull'essere «interessanti», inteso nell'accezione di far giocare e divertire le persone. Ma anche di essere utili, di dimostrare competenza e apertura verso il pubblico, per diventare un punto di riferimento, una fonte fidata di consigli (su questo tema, per approfondimento, si veda il mio post «Marketing Concreto, le 5 Regole per fare una Brand Utility»).

2.10 *Paid, owned, earned, borrowed*

Per sintetizzare, la nostra visibilità (e possibilmente, ubiquità) passa attraverso una somma sinergica di azioni e di risultati delle nostre attività. Un modello utile per generare pensiero intelligente e solide impostazioni strategiche può essere quello del *paid, owned, earned, borrowed* (cui a volte si aggiunge o sostituisce lo *shared*). Ancora una volta le definizioni tendono a variare secondo gli autori; qui ne do una mia personale, su cui potrete certamente apportare elaborazioni e interpretazioni anche differenti, perché l'importante non è trovare una verità inossidabile quanto piuttosto modelli che facciano venire idee utili.

2.10.1 *Paid media*

La visibilità pubblicitaria (*paid*, visibilità *a pagamento*) riesce in genere a raggiungere pubblici ampi e scelti da noi in base a obiettivi e strategie. Il messaggio è totalmente controllabile anche se solo raramente viene ridiffuso dalle persone (o «viralizzato») perché è necessario che la creatività sia veramente speciale, l'approccio sia coraggioso e intelligente, magari con uno spirito di rottura che non tutte le marche possono o si sentono di adottare.

La pubblicità è per sua natura intrusiva, quindi permette in teoria di farsi vedere da persone che non ci conoscono, non ci stanno cercando, in una logica di interruzione, di comunicazione che interferisce con le attività di fruizione dei contenuti da parte delle persone. Il che può essere un bene per costruire *awareness* ma può anche rivelarsi fastidioso; inoltre le persone hanno sviluppato la capacità di resistere, non credere (o semplicemente non vedere) i messaggi pubblicitari. Detto questo, la pubblicità resta una forma importante, con buoni margini di efficacia (in funzione della qualità dell'idea, della strategia, della creatività) ma deve essere pensata tenendo conto di come è cambiato il mondo, con approcci che non possono essere semplicemente l'evoluzione di modelli passati.

Spesso i *paid media* sono un tool insostituibile per raggiungere efficacemente e in tempi contenuti i propri obiettivi; di contro i costi sono elevati (in termini di spazi media, di lavoro per sviluppare contenuto e messaggi pubblicitari...) e non alla portata di startup e microaziende. Se la nostra creatività e la nostra strategia sono particolarmente forti (e/o abbiamo una certa dose di fortuna) i paid media potranno dare origine a commenti delle persone ed essere amplificati negli *earned media*.

2.10.2 *Owned media*

I mezzi/strumenti *owned* (*proprietari*) possono essere definiti come gli strumenti di comunicazione posseduti e controllati dall'azienda o dall'organizzazione: per esempio il sito aziendale o il corporate blog. Sono spazi in cui il proprietario può pubblicare contenuto editoriale, informativo, persuasivo; specialmente se si adotta un taglio istituzionale, sono il luogo più ovvio in cui esprimere il punto di vista dell'azienda, i contenuti che la definiscono, le informazioni suoi prodotti.

Sui media proprietari abbiamo il pieno controllo del contenuto, perché è roba nostra in spazi nostri. Bisogna però capire quanto questi spazi siano in grado di attirare il nostro target (non basta aprire un blog perché il nostro pubblico si precipiti a leggerlo). Negli *owned media* possiamo includere anche le nostre presenze sui social media; nella misura in cui pubblichiamo un contenuto nella nostra pagina Facebook, inviamo un tweet dal nostro account, controlliamo il messaggio in uno spazio dove nessuno può (legittimamente) pubblicare a nostro nome. Nel momento in cui però si generano commenti, discussioni, complimenti, interazioni, questo diventa un *earned media* – cioè un mezzo che ci siamo guadagnati... (anche se altri autori per semplificare incasellano il tutto nei *borrowed media*).

Gli *owned media* non sono mezzi a costo zero, anche se non comportano un investimento per acquisire spazi; richiedono infatti lavoro (dell'azienda/organizzazione/agenzia/consulente) per essere messi in piedi, gestiti e alimentati.

2.10.3 *Earned media*

Gli *earned media* sono gli spazi che ci siamo *guadagnati per effetto di nostre attività* (di comunicazione, di marketing o di altro tipo). In sostanza, ciò che le persone dicono di noi sui loro propri mezzi: i blog che parlano spontaneamente di noi, i commenti e i post sui social network, le conversazioni al bar. Ma anche articoli (non pagati) su quotidiani e riviste, servizi in programmi televisivi, content generato dagli utenti senza coinvolgerci. Rappresentano un mezzo tendenzialmente a costo zero... se si escludono i costi (spesso ingenti) affrontati per generare attività che permettano che si parli di noi. Perché di noi, se non c'è una «notizia» difficilmente si parlerà. E spesso il lavoro delle PR è di sviluppare occasioni intelligenti per fare notizia, per creare eventi notiziabili: attivare operazioni di *buzz*, di *word of mouth*, di comunicazione *unconventional* o relazioni più istituzionali con i media, gli stakeholders e un pubblico attento e razionale. Dipende.

2.10.4 *Borrowed media*

Borrowed media è ciò che prendiamo *in prestito*. Qui la definizione rischia di essere controversa e di sovrapporsi a quella degli *earned media* (e se così fosse, una categoria separata non avrebbe ragion di essere). Nella mia visione, ciò che più prendiamo a prestito è la *reputazione degli influencer*. È infatti diverso se una persona «comune» condivide un contenuto o ci dice bravi: se sbaglia, in genere non le succede niente. Ma se è un opinion maker a schierarsi dalla nostra parte e mettere la sua reputazione al servizio della nostra (prestandocela) significa che ci «mette la faccia», che mette in gioco la sua credibilità, la sua reputazione: che insomma rischia qualcosa (o molto, nel caso si schieri pro o contro issue controverse).

Da leggere

Sul tema owned, earned, paid e borrowed media, ecco tre link di approfondimento:

- «Paid, Owned & Earned Media. What About Borrowed?», panelpicker.sxsw.com;
- Sean Corcoran, «Defining Earned, Owned And Paid Media», www.forrester.com;
- Steve Sponder, «Paid Owned Earned Model», www.slideshare.net.

2.11 L'importante è che se ne parli. Bene.

Ma non a costo di giocare sporco.

A questo punto è chiaro che l'importante è che se ne parli (bene, di noi). Che il contenuto vada in giro per la rete. Che dia origine ad altri contenuti correlati, che ci citino. Specialmente in situazioni dove ci sono contributi negativi che ci riguardano, la capacità di generare argomenti positivi e popolari a nostro favore può aiutarci a creare/far creare una quantità di altri buoni contenuti su di noi, che possono avere un'indicizzazione migliore su Google e «spingere in basso» i commenti negativi, in quel limbo che sono le pagine di risultati dalla 3 in poi.

Naturalmente questo funziona se i nostri basic sono a posto e le critiche sono pretestuose/infondate. Se invece abbiamo davvero dei problemi non risolti, qualsiasi operazione di comunicazione rischia di avere vita breve nei suoi effetti se non addirittura di generare un'ondata di ulteriore negatività per l'evidente distonia tra quello che si dice e la realtà dei fatti...

La tentazione forte e la trappola in cui sono già cadute più di un'azienda è quella di giocare sporco. Usando gli strumenti social, per esempio, per promuovere s stessi (e/o diffamare la concorrenza) in modo illecito. Un esempio tipico è quello del cosiddetto *astroturfing*, ovvero la pratica di far risultare che un contenuto, una recensione, un endorsement provenga da persone non legate all'azienda, mentre in realtà è stato commissionato o generato dalla stessa; una specie di falso, in cui si traggono in inganno i lettori che pensano di trovarsi alle prese con il parere indipendente di una persona come loro (o di un influencer in qualche modo imparziale) mentre in realtà vengono manipolati da un committente che ha gestito l'informazione a proprio favore (si veda la voce in *Wikipedia*).

Se desiderare un ampio numero di commenti positivi è del tutto ovvio, forzature di questo tipo, che coinvolgono dipendenti o «amici» o addirittura falsi utenti, sono chiaramente tentativi di distorcere il sistema. Orchestrare noi stessi iniziative che appaiano come il risultato di uno spontaneo movimento di massa popolare a nostro favore, a parte la scorrettezza, è operazione da guardare con forte diffidenza, in quanto:

- si pone al di fuori di un approccio etico al business (si potrebbe parlare di concorrenza sleale);
- cercare scorciatoie per imbrogliare il pubblico distoglie dall'impegno a migliorare il prodotto, il marketing, la comunicazione: creare utenti totalmente credibili è un grosso lavoro, richiede tempo ed energie che potrebbero essere più utilmente impegnati nel mettere a posto i problemi e a comunicare correttamente;
- guardando alla cosa in modo cinico, è molto difficile condurre un'operazione con finti utenti che sia al di sopra di ogni sospetto.;
- non abbiamo nessuna garanzia che qualcuno dei partecipanti al «complotto» prima o poi faccia trapelare la verità, che si tratti di dipendenti nostri o di fornitori esterni;
- è praticamente certo che se emerge una pratica di questo genere, la rete e i suoi utenti grideranno all'imbroglio; molti blogger e molti utenti, sempre pronti a indignarsi o a sbeffeggiare le aziende che si comportano male, non perderanno l'occasione di montare contro di noi una campagna che potrà a sua volta essere ripresa e amplificata da qualche nostro competitor danneggiando seriamente la nostra reputazione: in rete c'è molta gente «sgamata», in grado di identificare facilmente nei nostri «fan» delle creature inesistenti, se non addirittura dei «robot» automatizzati;
- è molto discutibile che si possa ottenere un vantaggio concreto da recensioni «finte»: se per i commenti artificiali ci avvaliamo di un'agenzia esterna, affinché risulti remunerativa anche per l'agenzia l'operazione

deve essere svolta con il minor carico di ore/uomo; sappiamo bene che offrire contenuti tutti diversi, curati, significativi con cui alimentare centinaia o migliaia di recensioni a pagamento richiederebbe molto tempo, mentre le logiche dell'efficienza economica costringono inevitabilmente a sviluppare messaggi positivi nel tono ma poco impattanti e spesso poco credibili. Quindi cinquecento recensioni finte fatte male rischiano di portare meno risultati di cinque recensioni autentiche. Con in più il rischio che qualcuno inizi a sentire odore di bruciato e vada a fare qualche controllo sulla realtà di coloro che hanno commentato; che (magari ingaggiato da un nostro competitor) un esperto compia qualche verifica, ci colga con le mani nel sacco e quindi provveda a far sapere al mondo che l'azienda ha cercato di imbrogliare il suo pubblico. Con la conseguente generazione di un gran rumore negativo che può facilmente generare una crisi online e danneggiare il nostro business.

Case history – I blog «sospetti» di Playstation e Orangina

Già parecchi anni fa, ancora all'inizio del «fenomeno blog», ci sono stati i primi casi di manipolazioni. Particolare scalpore fece il «finto blog» di Sony Playstation, su cui si veda per esempio il post di Aleks Krotoski, «New Sony viral marketing ploy angers consumers», www.theguardian.com.
Più recentemente anche Orangina, noto soft drink transalpino, è stata messa sotto accusa per pratiche sospette sui social, con critiche che hanno comportato un certo danno reputazionale o quanto meno una figura non proprio brillante agli occhi dei suoi follower. Si veda il mio post «Social: Orangina presa con le mani nel sacco?».

In termini più casarecci e meno sofisticati, questo tipo di approccio finalizzato all'inganno del pubblico è ben visibile nel mondo delle recensioni, per esempio su TripAdvisor. Quello di TripAdvisor è un esempio tipico, dove si assiste a fenomeni francamente discutibili. A fronte di una probabile maggioranza di commenti «veri» di persone che effettivamente hanno provato il ristorante e intendono dare un contributo alla community e una mano al ristoratore che se lo merita (o un incentivo a migliorarsi a chi non lavora bene), le manipolazioni non mancano. È assolutamente evidente quanto certe recensioni entusiastiche appaiano infondate o improbabili, perché provenienti da persone che hanno recensito solo quel ristorante o che hanno una vita in rete non credibile. Così come è molto probabile (diciamo così) che qualche ristoratore abbia truccato le carte creandosi recensioni false o comprando i servizi di aziende terze che vendono recensioni favorevoli, altrettanto chiaramente si riconoscono i commenti denigratori di persone che non risultano aver mai visitato il locale recensito o che riportano fatti o dettagli del tutto irreali. Commenti negativi che in parte possono essere causati da persone vere che intendono vendicarsi di presunti «torti subiti», ma che in altri casi suscitano il sospetto di manovre scorrette da parte di concorrenti infastiditi dalla presenza in zona di cucine che lavorano meglio.

Naturalmente il fenomeno rischia non solo di arrecare danno ai ristoratori, ma anche di minare la reputazione di TripAdvisor stesso, servizio per cui è assolutamente critica la capacità di individuare e cassare le recensioni improprie. Veri e propri gruppi di pressione, composti per lo più da ristoratori che non gradiscono o ritengono inopportuno che il pubblico abbia a disposizione uno strumento tanto potente per condividere opinioni e consigli e influenzare così, in misura molto forte, il business dei locali, chiedono addirittura la chiusura di TripAdvisor (parecchi dei ristoratori che frequento, pur riscontrando il problema delle false recensioni negative o di recensori «stranamente» cattivi, riconoscono tuttavia che TripAdvisor è in grado di spostare verso di loro importanti numeri di nuovi clienti).

Ha senso invece, anche andando su un territorio più ampio di quello di TripAdvisor, sensibilizzare chi ci ama e ci stima a contribuire al nostro successo. Se siamo amati e rispettati, potremmo essere sorpresi dallo scoprire quante persone siano disposte a parlare bene di noi. È quindi una strategia sensata quella di cercare di stimolare recensioni e valutazioni positive. Partendo anche dai propri dipendenti e collaboratori.

2.12 La reputazione e i pubblici interni

Altro spunto di grande portata è quello relativo ai pubblici interni dell'organizzazione. Il tema è ancora una volta vastissimo, troppo vasto per essere sviscerato in questo libro «orizzontale» e forse anche più attinente al tema della comunicazione interna. Merita però almeno uno spunto di riflessione. La comunicazione verso l'interno è infatti uno strumento che influenza la reputazione di ogni organizzazione, coinvolgendo e motivando il pubblico dei dipendenti/membri.

Al di là degli aspetti più strettamente di clima, ciò che interessa qui è che in un universo sempre più social è estremamente probabile che le «nostre» persone parlino (comunque) di noi con il mondo: della loro esperienza quotidiana, del loro lavoro. Rappresentano quindi un pubblico che deve essere mobilitato, orientato, a cui si deve comunicare in modo specifico per farlo sentire parte di una comunità tesa all'eccellenza, al successo, a uno scopo nobile e grande – comunicando loro, tanto per cominciare, che lavorano in un'ottima azienda.

I collaboratori sono dunque la nostra prima risorsa. Sono i nostri primi *ambassadors* (o i primi nemici: spesso i problemi si originano proprio da *leaks* interni).

Ma se è lecito sensibilizzare le proprie persone a contribuire al successo dell'azienda – in una logica di team motivato e che crede in ciò che sta facendo – non è lecito forzare opinioni che non sarebbero state espresse liberamente e magari non sono nemmeno condivise.

I collaboratori possono quindi essere sensibilizzati (anche attraverso lo sviluppo di *guidelines* che, mettendo in chiaro che cosa si può fare e come, evitino interventi disorganizzati, dispersivi e contradditori), tenendo conto che, se a non essere disposti ad aiutarci sono prima di ogni altro proprio coloro che hanno tutto da guadagnare se l'azienda va bene, questo è il segnale di un preoccupante problema di relazione tra impresa e dipendenti.

2.13 Don't tell stories, be the story

L'approccio di *storytelling* è uno dei più potenti a disposizione della creatività nell'ambito della comunicazione. Più che parlare di prodotti, occorre parlare di emozioni. Raccontare storie. Illustrare come il prodotto, la marca, l'organizzazione cambia o influenza la vita delle persone. Lo storytelling non è sempre la panacea e non è sempre utile, ma è uno dei modi che in questi ultimi decenni ci ha permesso di evolvere dal «lava più bianco» (che ci metterà sempre in concorrenza con quello che lava «ancora più bianco» e magari costa anche meno) a un mondo in cui la marca costruisce una relazione di vicinanza e di emozioni con le persone.

Da leggere

Sul fronte dello storytelling e di come i cambiamenti delle persone richiedono evoluzioni nella comunicazione, suggerisco la lettura di Stefano Gnasso, Paolo Iabichino, *Existential Marketing. I consumatori comprano, gli individui scelgono*, Milano, Hoepli, 2014.

Quando però manchi sostanza nel marketing mix, quando cioè manchi una notizia vera, allora si sviluppano storie un po' appese nel vuoto. Ci si appropria di mondi in qualche modo contigui a noi, di cui però noi siamo solo sponsor, a cui forse diamo anche «energia», ma in una logica in cui probabilmente altre aziende (compresi i nostri concorrenti) potrebbero prendere il nostro ruolo in maniera interscambiabile, perché noi *non* siamo al centro della storia. In molti casi non esiste un'alternativa: se il nostro mercato, la nostra area di attività, i limiti e le regole che la legge impone alla comunicazione nella nostra professione ci vincolano in quello che possiamo fare, sfruttare un *borrowed interest*, un interesse preso a prestito, un mondo dei valori del quale cerchiamo di appropriarci, potrebbe essere il meglio che realisticamente riusciamo a fare.

Dove possibile, però, è molto più potente essere al centro della storia. Creare e far creare delle storie basate su di noi, sui progetti che realizziamo, sulla maniera peculiare che abbiamo di fare business. L'opportunità forte è essere capaci di raccontare e far raccontare storie sul nostro quotidiano (un classico possono essere certe attività a supporto della raccolta fondi o del 5 per mille, in cui organizzazioni caritatevoli costruiscono storie di persone la cui vita viene cambiata dall'intervento dell'organizzazione, dando quindi motivi per finanziarla). Naturalmente questo richiede che la nostra impresa abbia delle storie da raccontare, che non sia un semplice ufficio commerciale il cui principale compito è muovere fatture e ordini d'acquisto; che se non ha storie sia in grado di crearne (in modo autentico). Tutto ciò richiede uno sforzo più intenso della creazione di una campagna di advertising o della stesura di una press release che magnifica l'innovazione (magari puramente cosmetica) dei nostri prodotti, sperando che venga ripresa, che qualcuno la legga, che a qualcuno interessi. È però una di quelle attività che se ben condotte hanno il potenziale di esercitare un influsso decisamente significativo sulla costruzione e sulla crescita della nostra reputazione.

2.14 La gestione della reputazione e il personal branding

Un caso particolare è quello del *personal branding*, cioè del fare di sé stessi una marca.

In tempi passati (fino a non molti anni fa) esisteva un numero relativamente ristretto di personaggi «famosi», che avevano cioè accesso ai mass media (essendo personalità della politica, dello spettacolo, capitani d'industria...) o che, nel bene o nel male, facevano notizia. Personaggi che, sostanzialmente, diventavano marche nell'immaginario collettivo. Al di fuori di queste categorie, era difficile farsi conoscere da pubblici allargati o anche verticali/settoriali. Un ottimo direttore marketing poteva rimanere sconosciuto ai suoi colleghi (nonché ai cacciatori di teste...) perché – al di fuori di un intervento particolarmente brillante in un convegno o della pubblicazione di libri o articoli significativi (in un mondo in cui la stampa settoriale era letta e influente) – non aveva molte possibilità di rendersi noto e apprezzato. Oggi l'esplosione portata dai mezzi digitali ha reso possibile a chiunque far sentire la propria voce, diffondere le proprie idee, provare a dare servizio attraverso i contenuti. E, con abilità, costanza e un po' di fortuna, diventare noti. Diventare dei personaggi, di quelli considerati bravi. Fare di sé stessi una marca. Con tutte le ricadute sul fronte del recruitment, sulla capacità di farsi aprire la porta da possibili clienti, finanziatori, partner.

Costruirsi una marca personale significa costruirsi una buona reputazione, all'interno della quale i temi dipendono dal settore e dal mondo di riferimento (e potranno essere molto diversi, a seconda che si tratti di un aspirante creatore di moda o di un consolidato avvocato d'affari).

Qui rischia di emergere qualche complicazione.

La prima: un'azienda o un'organizzazione può far ricorso a un'agenzia o un consulente che supporti la creazione e la manutenzione della sua reputazione, con costi e impegni che tuttavia non sono normalmente alla portata di un singolo individuo, a meno che non abbia già raggiunto un tale livello di successo da potersi permettere simili investimenti. Il fai da te diventa quindi quasi un must, richiedendo però un impegno di tempo, di sforzo di pensiero, di competenze che non tutti hanno a disposizione. Si rischia di sbagliare e soprattutto si rischia di non fare, e quindi di non alimentare la reputazione che può essere in certi casi il motore principale del successo economico o politico.

La seconda: di norma un'azienda o un'organizzazione ha solo una vita pubblica, non ne ha una privata. Non va alle feste, non beve, non si indigna, non si schiera politicamente, non scherza con gli amici o litiga con le fidanzate. L'essere umano invece fa tutte queste cose e molte altre. Vive. E, di questi tempi, condivide, twitta, si fa i selfie, mette in rete messaggi gestiti e controllati (per esempio su un blog personale o su Linkedin), visti attraverso la lente propria del business e della professione ma anche del proprio essere persona, con tutti i pregi e difetti. Dall'altro lato dello schermo, chi legge vede entrambi i lati e probabilmente non opera dei distinguo, anzi è portato a considerare il soggetto come un *unicum*: il brillante consulente abituato anche ad alzare un po' il gomito il sabato sera, la competente manager che ama sfoggiare le proprie forme in cerca di complimenti quando è al mare. Il dilemma è allora come gestire la propria comunicazione personale su quel palcoscenico che è la rete, domandarsi se è possibile separare le due dimensioni – magari attraverso un'ossessiva gestione dei settaggi della privacy, che non porta comunque a soluzioni a prova di bomba, o usando piattaforme diverse per comunicazioni e ambiti diversi.

Qualunque sia l'approccio scelto, occorre mantenere costantemente vigile la propria attenzione su che cosa si comunica e dove, sapendo che comunque qualsiasi cosa si pubblichi potrà presto o tardi diventare «pubblica» e contribuire alla definizione della nostra reputazione, in ambito privato e in ambito professionale.

Case history – Novak Djokovic e il raccattapalle

Anche le star hanno bisogno di curare la propria reputazione e dimostrare umanità e simpatia può essere un approccio molto potente, come nel siparietto del tennista Novak Djokovic con il suo raccattapalle sotto la pioggia la Roland Garros (il video è disponibile su YouTube). Semplice ma potente, forse spontanea operazione di personal branding.

3 La gestione e il monitoraggio della reputazione

3.1 Prevenire è meglio che curare

Le attività di costruzione, gestione e difesa della reputazione sono tra le più importanti delle PR digitali – e in fondo possiamo dire che ne sono il cuore stesso. Ma se, intuitivamente, capiamo subito di che cosa si tratta, nel momento in cui dobbiamo andare a definire in modo più formale la natura dell'attività, che cosa ci sta dentro e che cosa resta fuori da questo ambito, le cose si complicano.

Per una definizione della gestione della reputazione online possiamo partire ancora una volta da *Wikipedia*, alla voce «Reputation management»:

> Reputation management is the practice of monitoring the reputation of an individual or brand, addressing contents which are damaging to it, and using customer feedback solutions to get feedback or early warning signals to reputation problems. Most of reputation management is focused on pushing down negative search results. Reputation management may attempt to bridge the gap between how a company perceives itself and how others view it.

In realtà, anche questa definizione è un po' riduttiva.

Di sicuro si tratta (anche) di monitorare la rete e di trovare modi di contrastare l'emergere di contenuti negativi (per esempio attraverso tecniche di generazione di un gran numero di contenuti positivi, che sui motori di ricerca possano «annegare» quelli negativi). Ma vista così la gestione della reputazione online finisce per essere solo il «mettere una toppa» a un problema, senza che si lavori per prevenirlo e con soluzioni, tra l'altro, relativamente poco efficaci e di limitata durata, perché, se anche riuscissimo a far cancellare un contenuto, qualcuno potrebbe immediatamente ripubblicarlo in qualche altra forma. In realtà, il vero campo di intervento della gestione della reputazione online è quello della *generazione di una reputazione positiva*: prendere (o riprendere) il controllo della propria marca, riuscire a trasmettere il senso di tutte le cose positive che facciamo, del nostro impatto sulla vita delle persone, e non solo cercare di nascondere le nostre magagne. Gestendo in modo corretto la nostra comunicazione e le nostre fonti da cui stakeholder, influencer e persone comuni possono raccogliere informazioni e farsi un'idea su di noi. Lavorando perché, il più possibile, quando si parla di noi lo si faccia in maniera corretta (e quindi positiva, assumendo che facciamo le cose per bene e non abbiamo scheletri nell'armadio).

3.2 Le attività di gestione della reputazione

Gestire la reputazione online significa dunque non solo misurare passivamente «come sta andando» ed eventualmente reagire, in un qualche modo, alle crisi. Vuol dire attivare un processo aziendale, integrato nel mondo del marketing, delle relazioni esterne (e interne – i dipendenti, come abbiamo visto, sono un importante stakeholder e una massa particolarmente vocale, in grado di influenzare la nostra reputazione); un processo mirato a indirizzare la nostra reputazione nel modo in cui è giusto che sia.

Ma che cosa vuol dire in pratica gestire la reputazione (online)? Molte cose, tra le principali:

- monitorare che cosa si dice (e si pensa) di noi, ascoltando attivamente la rete;
- capire come siamo percepiti: positivi, negativi, indifferenti, noiosi, controversi…
- analizzare l'impatto (sul nostro business, sulla nostra reputazione) di ciò che si dice in rete, in positivo e in negativo;
- attivare azioni che abbiano un impatto positivo sulla nostra attività;
- migliorare la visibilità (*awareness*) dell'azienda;
- stimolare una percezione di azienda/brand/organizzazione come positiva, affidabile, cool, seria, dinamica… (a seconda di quali sono i nostri obiettivi di brand);
- aumentare la quantità di contenuti positivi (generati da noi e, meglio, generati dagli utenti o dai media, influencer, stakeholder…)
- ridurre la quantità di contenuti negativi e ridurne la visibilità.

Più in generale, si deve lavorare per creare e organizzare un processo che possa essere «digerito» dall'azienda e che possa trasformarsi in un motore in grado di produrre risultati concreti sul fronte della percezione da parte di stakeholder, prospect, clienti, target.

Occorre fare i conti con la realtà dell'azienda/ente/associazione (ma anche personaggio pubblico) in oggetto; tener conto delle sue problematiche, della sua cultura, del suo grado di expertise in termini di marketing, comunicazione, relazione pubbliche, dell'età media di dipendenti e management, del suo orientamento politico e così via. Di conseguenza, non esiste un approccio unico, standard, che vada bene per tutti i casi e ciascun progetto dovrà essere elaborato *ad hoc*. Esistono tuttavia degli step fondamentali, validi in tutte le situazioni, da seguire nella creazione e lungo il processo di gestione della reputazione di un'organizzazione. Eccone alcuni:

- *definire il progetto come priorità aziendale*: la gestione della reputazione non può essere concepita come un'attività occasionale o non normata, esattamente come non possono essere lasciati all'iniziativa dei singoli la fatturazione, lo sviluppo di new business, la gestione delle risorse umane.
- *coinvolgere il management*: se il management non è convinto e non guida un processo così strategico per l'azienda, difficilmente la struttura prenderà sul serio l'attività, ci si impegnerà, porterà risultati;
- *definire gli obiettivi*: come esattamente vogliamo essere percepiti, che tipo di reputazione vogliamo avere;
- *definire la strategia*: fotografare la realtà e le condizioni dell'ambiente circostante e sviluppare al suo interno le strade che ci potranno portare agli obiettivi prefissati;
- *definire un budget* per finanziare l'operazione;
- *definire chi se ne occupa* e come: team, responsabilità, obiettivi, processi. La costruzione della reputazione progressiva non è una trovata creativa, è un'attività aziendale (o dell'organizzazione) che va pianificata e gestita con cura;
- *definire il piano d'azione*: che cosa succede e quando;
- *pensare ad attività di training* per creare sensibilità, far capire l'importanza e gli effetti di un progetto di costruzione di reputazione, diffondere la conoscenza degli strumenti di base e creare specialisti interni;
- mettere in campo *processi e tecnologie per monitorare e misurare* (in modo continuativo) lo status della propria reputazione (sia attraverso l'ascolto della rete, sia con altri strumenti di ricerca che sondino chi in rete non parla);
- definire *il percorso di apprendimento*: come imparare e migliorare nel

tempo; se ci dimentichiamo di misurare e imparare, non avremo elementi che ci possano permettere di migliorare le nostre attività su basi razionali e ricominceremo ogni volta da capo, continuando a ripetere gli stessi errori o non cogliendo opportunità alla nostra portata;
- valutare lo sviluppo di *un piano di crisi* (su questo argomento si veda il Capitolo 7).

3.3 I sette punti chiave del *reputation management*

Perché un progetto di pianificazione e gestione della reputazione aziendale che possa avere successo occorre ben comprendere e applicare nella pratica sette principi fondamentali:

1. la reputazione è *un asset fondamentale* per il business, perché ha un impatto diretto e tangibile sui fatturati, i margini, il successo dell'azienda e il raggiungimento degli obiettivi dell'intera organizzazione;
2. la reputazione è *un asset gestibile*, che si può pianificare, su cui si può esercitare se non un totale controllo, almeno una certa influenza, a condizione di lavorarci in maniera strategica, intelligente e sistematica;
3. il lavoro sulla reputazione deve essere *sistematico e continuo*: non si può costruire reputazione attraverso interventi estemporanei né mettendo una toppa ai problemi;
4. la gestione della reputazione è quindi un approccio *proattivo, non difensivo*;
5. il lavoro sulla reputazione *ha dei costi*, se non altro il tempo delle persone che se ne devono occupare, probabilmente anche altri legati alle iniziative sviluppate per sostenerla;
6. il lavoro sulla reputazione non può prescindere da un forte *contatto con la realtà*: bisogna sapere come siamo visti (prima e durante le varie fasi del progetto di gestione della reputazione), identificare le opportunità, prevenire i rischi;
7. deve essere promossa una cultura aziendale che sensibilizzi sul principio che la reputazione è una *responsabilità diffusa*; che tutti, in azienda, quando comunicano in modo formale o informale, partecipano a creare una buona o una cattiva reputazione; che la reputazione contribuisce a migliorare o a peggiorare il business e che, quindi, ciò che si fa e si dice, a tutti i livelli, può essere un acceleratore o un danno per la salute e i risultati dell'azienda.

Case history – Papa John: quando il problema è il dipendente

Uno dei grandi classici delle crisi che danneggiano la reputazione di un'azienda è il dipendente poco furbo che riesce a offendere il cliente. E il cliente, capace, ne fa parlare la rete.
È il caso del dipendente di un fast food che ha dato del «muso giallo» (traduciamolo così) a un cliente, scatenando Twitter e i social network. L'episodio è stata poi ripreso da *Huffington Post* con un effetto moltiplicatore che ha costretto l'azienda a rincorrere il problema – e faticosamente pregare il pubblico di credere che il comportamento del dipendente non aveva nulla a che fare con ciò che è e fa l'azienda. La vicenda è raccontata da Lori Randall Stradtman nel suo post «"Lady Chinky Eyes" Papa Johns Receipt: Online Reputation Lessons & A Prediction», social-media-design.com.
Un caso comparabile è successo anche in Italia, come racconta Andera Tundo nel suo articolo «Taranto, scontrino offensivo alla comitiva gay: "Mi raccomando so ricchioni"», www.ilfattoquotidiano.it.

3.4 Interventi correttivi della reputazione

Le iniziative correttive devono innanzitutto partire dalla *soluzione del problema* (messa a punto del prodotto, intervento di risoluzione del disservizio al cliente, scuse in caso di comportamenti che abbiano offeso il pubblico...). Risolta la causa, occorre far sì che il navigatore trovi un numero uguale o superiore di commenti positivi che bilancino quelli negativi che il racconto dell'esperienza problematica ha sollevato; possibilmente devono essere commenti focalizzati sul fatto che l'azienda ha risolto i problemi – o sul fatto (se vero) che la crisi era immotivata o esagerata. Ovviamente si tratta di lavorare per un'appropriata generazione di messaggi positivi, usando gli approcci tipici delle PR digitali (lavorando sugli influencer, le community..., come vedremo nei prossimi capitoli).

Inevitabilmente, però, quanto più il problema ha suscitato scalpore e quanto più è uscito dal semplice (ma già dannoso) ambito social per approdare alle news dei media online (o, peggio ancora, offline), tanto più difficile sarà rimediare – il che sottolinea ancora una volta quanto sia importante e più efficiente prevenire le crisi piuttosto che risolverle, ed essere capaci di intervenire subito, piuttosto che dover rincorrere una crisi in pieno sviluppo, restando sempre un passo indietro rispetto allo svolgersi delle cose.

3.5 Si parte sempre dall'ascolto: il monitoraggio

Ritorniamo sul tema: per sapere che cosa si dice di noi o, se abbiamo un problema, per capire che cosa possiamo e dobbiamo fare, è necessario seguire le conversazioni in rete (oltre che, naturalmente, quello che si dice sui media – ma questo è un tema più «classico»). Se la tecnologia ci dà strumenti per vedere al di là del nostro naso, è saggio usarli. Si tratta di monitorare che cosa si dice ed estrapolarne una misurazione della nostra reputazione. Si tratta di usare queste informazioni per correggere il tiro o attivare azioni mirate.

Il processo di gestione della reputazione online inizia quindi da un attento (e possibilmente continuo) monitoraggio in rete. In estrema sintesi si tratta si ascoltare ciò che si dice online su di noi, andando a ricercare attivamente le menzioni fatte, per analizzarle, capire e imparare. Questo primo passo ci consentirà di disporre di spunti per migliorare le nostre performance, identificare aree di rischio, avvertire eventuali segnali di crisi incipienti prima che deflagrino rumorosamente. Soprattutto significa essere in grado di *agire* e non solo di subire.

L'ascolto può/deve comprendere blog, forum, social media, siti di notizie e così via, partendo inizialmente da un audit teso a capire *dove* si parla di noi (e *chi* lo fa), andando poi in profondità sui mezzi dove maggiori e più pregnanti sono le conversazioni che ci riguardano.

L'ascolto dovrebbe comprendere il brand, i nomi di prodotto o delle persone coinvolte, i nostri hashtag ma anche, a seconda dei problemi da risolvere (o delle opportunità da individuare), termini attinenti al nostro mercato, alla categoria merceologica, magari anche ai competitor; perché non è detto che conversazioni che ci riguardano e ci possono dare utili stimoli debbano per forza contenere il nostro brand esplicitamente citato.

Per piccoli volumi di conversazioni, l'operazione può essere svolta «in proprio», usando un motore di ricerca. Software liberamente disponibili in rete possono darci una mano a velocizzare ed estendere la ricerca per parole chiave. È inoltre utile effettuare ricerche per hashtag, i tag che identificano gli argomenti di conversazione: se ciò che ci interessa monitorare ha già sviluppato un proprio hashtag, sarà più facile recuperare le conversazioni sul tema e, cosa molto interessante, identificare le persone che ne parlano (di più), vale a dire persone che nella realtà agiscono da influencer.

Questo approccio artigianale mostra però presto i suoi limiti in caso di operazioni più vaste, con centinaia o migliaia di risultati, come tipicamente avviene nel caso di un'azienda; è quindi raccomandabile l'uso di strumenti più specialistici, di soluzioni più potenti e costose che richiedono anche un minimo di training nell'uso. Alcuni di questi software sono stati appositamente sviluppati da agenzie e consulenti e sono dunque proprietari.

È forse scontato dirlo ma l'ascolto non serve unicamente alle attività di Relazioni Pubbliche o più in generale di comunicazione; a parte dare un riscontro della reazione del pubblico ai nostri messaggi e sulla credibilità delle nostre affermazioni, fornisce utili indicazioni su problemi e opportunità dei nostri prodotti, sul loro gradimento, sulle performance del Customer Care, sulla «trazione» che esercita sul pubblico una nostra proposta; oltre che per capire quali attività sono state più potenti nel generare conversazioni, misurare istantaneamente le reazioni del pubblico a un nostro lancio di prodotto, così come per identificare crisi insorgenti o «fan» che potremmo trasformare in ambassador della nostra marca.

Da leggere – Ascoltare le conversazioni per migliorare l'offerta ai clienti

Aziende come le compagnie aeree potrebbero imparare molto e migliorare la propria offerta ascoltando con attenzione le conversazioni in rete (o, se già le ascoltano, facendo girare i risultati non solo negli uffici della comunicazione ma in quelli del top management): sul tema si veda il post di Ruxandra Mindruta, «How Airlines Can Use Social Listening to Boost Online Reputation», www.brandwatch.com.

3.5.1 *I key point del monitoraggio*

L'attività di monitoraggio può essere poco o molto complessa da gestire, a seconda della numerosità delle parole chiave da tenere «sotto osservazione», del rinnovarsi o ampliarsi frequente del loro insieme, della quantità di risultati da vagliare per trarre un senso dalla ricerca. Sostanzialmente, però, il monitoraggio ha una struttura relativamente semplice, i cui step principali possono esser riassunti in:

- *definire le keyword rilevanti*: la nostra marca, quelle dei concorrenti, le parole chiave che ci definiscono o definiscono il nostro mercato, termini che temiamo possano essere associati a noi, parole associabili ad aree di crisi potenziale. Se, per esempio, la nostra azienda sa di correre dei rischi per via delle attività in un certo stabilimento, il nome della località dovrà essere uno dei termini costantemente monitorati;
- *definire quali ambiti monitorare*: quali siti, blog, community, forum, social network sono più importanti e utili, autorevoli o pericolosi; quali sono le fonti di informazione per noi più rilevanti;
- *definire il team e le procedure* (personale interno o agenzia esterna): le macchine possono restituirci delle analisi stupide, non sono in grado

di valutare correttamente il *sentiment*, è necessario quindi dotarsi di un team di analisti che legga quanto rilevato dai software, lo valuti, individui zone di pericolo che stanno emergendo nelle conversazioni, rilevi le macro aree delle conversazioni su di noi, quali sono i topic più frequenti, che cosa sta succedendo là fuori;

- *testare sul campo i processi* e procedere ad affinamenti e miglioramenti derivanti dall'esperienza operativa.

3.5.2 *L'importanza dell'analisi umana*

Il problema centrale è un problema di scala, di volumi. Se di noi si parla poco si fa in fretta: si raccolgono poche decine di risultati, si legge quel che si è detto, in pochi minuti capiamo che cosa succede. Diverso è invece il caso in cui siano migliaia i risultati – e come detto un software specializzato può aiutarci nel raccogliere con efficienza i risultati.

Le macchine però sono efficienti ma non abbastanza intelligenti. Non necessariamente sono in grado di capire che cosa sia davvero rilevante e che cosa meno; e soprattutto non sono in grado di dare una valutazione affidabile della positività o meno dei commenti. Per una macchina è difficile capire se un commento è a nostro favore o meno. Certo, l'*analisi semantica* ha fatto passi in avanti, ma specialmente per noi italiani la ricchezza della lingua e le sue sfumature aggiungono complessità all'analisi automatizzata. Il ricorso al sarcasmo o la satira si basano spesso sul dire il contrario di ciò che si intende («Ah, certo che questo prodotto è fantastico, lo usi due giorni e ne devi già comprarne un altro» a seconda del contesto può indicare la creazione di una dipendenza... o che il prodotto si rompe subito e che è quindi da evitare). Di conseguenza è necessario ricorrere all'intervento di analisti umani, persone che leggono ciò che è stato rilevato (o procedono «a campione») e per ogni elemento di conversazione individuato danno un giudizio sul *sentiment* (generalmente: positivo, neutro, negativo) e auspicabilmente prendono nota delle tematiche più interessanti che emergono, dei commenti più frequenti... insomma fanno il lavoro di analisi e sintesi che solo un essere umano al momento può fare.

A valle di questo lavoro di analisi, chi ha la responsabilità del processo dovrà redigere un report che racconti che cosa è stato trovato in rete, «come sta andando» e che cosa è cambiato rispetto alla rilevazione precedente. Naturalmente questo è un approccio molto basico, che in mercati con elevate propensioni all'analisi e all'investimento in comprensione può essere sofisticato notevolmente.

In termini generali, se intendiamo attivare operazioni di monitoraggio (e, più in generale, di ricerca) sulla nostra reputazione, esiste tutta una serie di item che dovremmo tenere sotto controllo. Ricordiamone alcuni tra i più importanti (che possono essere anche visti come KPI):

- *presenza della marca nelle conversazioni*: quanto si parla di noi, quante conversazioni che ci riguardano sono generate in rete, quanto siamo citati in conversazioni che riguardano il nostro mercato... insomma, se ci conoscono, se c'è una buona *awareness* nei nostri confronti. Dove opportuno potremo tracciare non solo le keyword attinenti alla nostra marca ma anche quelle relativi ai nostri uomini o personaggi chiave;
- *positività/negatività* (*sentiment*): si parla bene/male di noi; siamo considerati positivamente, negativamente o in maniera «neutra»?
- *brand equity*: come siamo percepiti? Quali sono i valori, le immagini, le associazioni che evoca la nostra marca (organizzazione, personaggio...)? Sono coerenti con l'immagine che vogliamo dare di noi?
- *argomenti/topics*: quali sono i temi che ci riguardano su cui si parla? A quali temi, argomenti, termini veniamo associati? Mappare i temi di discussione e trarne un senso in termini di polso del mercato, di disagi, di desideri;
- *copertura/buzz/trend*: le conversazioni su di noi sono circoscritte o generalizzate? Si svolgono in ambiti per noi importanti, sono focalizzate sul nostro target o sono generiche e sfumate? Le persone in target parlano di noi? Quali sono i termini che stanno generando volumi di conversazioni in crescita e quali in calo?
- *permanenza*: quanto sono durevoli le conversazioni? Si tratta di argomenti che durano poche ore e poi svaniscono in termini di interesse (magari con una fiammata che le porta in *trending topic* su Twitter, ma che lascia poi poca memoria il giorno successivo)? O sono argomenti che si ripresentano settimana dopo settimana?
- *stagionalità*: esiste una stagionalità delle conversazioni (per esempio legata all'acquisto di certi prodotti o servizi, come nel caso della famigerata «prova costume»)? C'è qualcosa che possiamo imparare per sfruttarla proattivamente a supporto delle nostre future attività di marketing?
- *ambassadorship/advocacy*: quante (e quali) persone si schierano spontaneamente al nostro fianco? Quanti ci consigliano, ci raccomandano al proprio network? Per che cosa? Perché? Quanto sono influenti? Quanti sono invece i detrattori, i nemici? Per che cosa? Perché? Quanto sono influenti?
- *tipologia del target e dei canali*: andando in analisi più complesse, potremmo provare a segmentare l'universo di chi parla di noi (o dei temi

per noi interessanti) e costruire dei cluster, dei gruppi, magari per età; per esempio per capire fino a che età si parla bene di un certo cantante e da che età in poi se ne parla invece male. Analogamente, può essere proficuo studiare se ci sono differenze nei toni e nei contenuti tra i vari canali monitorati, e cercare di capirne i motivi (tipicamente un uso di canali diversi da parte di tipologie diverse di persone).

Case history – Rispettabile professionista o attore porno?

In questa storia dell'orrore, raccontata nel suo post «Online Reputation Management and Adult Films» su spinsucks.com, Sean McGinnis, uno stimato professionista decide di andare a monitorare il proprio nome su Google. Brutta sorpresa: per un caso di omonima con il protagonista di un film porno, clienti, fornitori, prospect che come lui cercheranno il suo nome troveranno cose del tutto inaspettate.
La lezione? Monitorare di frequente (la porno fama non può essere nata in una notte) e lavorare sulla reputazione senza attendere che scoppi una crisi. Perché se una crisi intacca una buona reputazione, si può lavorare per contrastarla. Se una buona reputazione non l'abbiamo, la crisi setterà senza problemi una cattiva reputazione, difficile da scalfire se non in tempi lunghi.

Sono inoltre da segnalare, come spunto di riflessione in questa che vuole essere una presentazione generalista del tema, aree di ascolto e monitoraggio più specializzate, come per esempio focalizzare che cosa dicono («in pubblico») i nostri dipendenti; capire come la pensa e che cosa dice chi lavora per noi. O seguire singoli utenti che per noi sono particolarmente importanti (per esempio clienti chiave, opinion leader, giornalisti, politici...).

3.5.3 *Più è cattiva, più la medicina serve*

Anche se da un punto di vista umano è comprensibile, in ottica di business occorre rifuggire da approcci di rifiuto o di selezione delle brutte notizie. Spesso le cose più utili che possiamo leggere sono le critiche. Chiaramente possono infastidire, viene la tentazione di scartarle come infondate o fastidiose, opera di persone con problemi. Rassicuranti elogi generici, che ci dicono «va bene così», non ci danno grandi strumenti per il miglioramento continuo della nostra attività e della nostra comunicazione. Se esistono persone insoddisfatte, che però non sfogano le proprie frustrazioni, i propri problemi nei nostri riguardi, sicuramente vivremo più sereni ma non riusciremo a capire perché quelle persone (o, più in generale, il mercato) hanno smesso di comprarci, di votarci, di darci retta.

Si deve quindi dare una grande priorità non solo all'ascolto ma proprio alla *ricerca* delle brutte notizie, dei commenti fastidiosi, degli attacchi. In questa logica, molto meglio se avvengono all'interno della nostra pagina Facebook, dei nostri canali social, dei nostri forum. Almeno li vediamo, li possiamo tenere d'occhio, possiamo organizzare più facilmente e velocemente delle buone risposte. In sostanza, se devono parlare male di noi, lo faranno. E se lo faranno in ambiti per noi difficili da controllare, sarà più complesso affrontare il problema.

Va infine considerato che individuare i nostri detrattori potenzialmente più forti può permetterci di capire meglio dove sta il problema, di comprendere perché proprio quella persona «ce l'ha con noi» (forse per qualche cosa che le abbiamo combinato?) e addirittura di provare a intervenire personalmente e parlarle, in una logica di ascolto e collaborazione, certamente non aggressiva (le minacce legali sono spesso alimento per un'intensificazione e un allargamento delle critiche). Capita infatti che, intervenendo direttamente là dove è possibile risolvere un problema, una voce critica, in grado di danneggiare la nostra reputazione, possa trasformarsi in una voce silente, che smette di attaccarci, quando non addirittura in un nostro *endorser*, che racconta al suo pubblico di quanto siamo stati intelligenti e aperti, di come ci siamo presi a cuore il suo problema (magari dopo un nostro errore iniziale) e di come abbiamo dimostrato nei fatti che davvero teniamo alle persone che ci scelgono e ci seguono. Con, in questo caso, effetti positivi sulla nostra reputazione.

3.5.4 *Il monitoraggio va fatto anche sui concorrenti*

Non è infrequente trovare aziende che, anche per risparmiare o semplificarsi la vita, eseguono o commissionano monitoraggi solo su sé stesse, escludendo forme di ascolto mirate a capire meglio che cosa stia succedendo sul fronte dei concorrenti.

Poter leggere critiche e complimenti rivolti a un'organizzazione o una marca concorrente significa fare *business intelligence*, fare ricerca di mercato. Molto importante: significa ricavare insight che possono portare a strategie competitive, quantomeno sul fronte della comunicazione, basate su ciò che dice la gente e non su ciò che pensiamo che pensi. Serve a imparare dagli errori (di marketing, di prodotto, di comunicazione, di azione digitale) degli altri per non ripeterli ed evitare di commetterne di comparabili.

3.6 Come migliorare in concreto la propria reputazione

Avvertenza importante: non esistono modelli, schemi, pratiche standard. Ciò che è una medicina per una persona (o un'azienda) può essere veleno per un'altra. Detto questo, si possono dare sicuramente utili indicazioni non tanto sul che cosa fare ma sul *come* fare per arrivare alla definizione di ciò che potrebbe essere giusto nel nostro caso. In quest'ottica, possiamo sviluppare una lista di spunti per guidare il ragionamento, la strategia, l'esecuzione, in fase sia strategica sia operativa (spunti che entrano anche, e fortemente, nel campo del social media marketing – a dimostrazione di come i confini tra le varie discipline siano sempre molto labili).

3.6.1 *Underpromise e overdeliver*

L'esperienza concreta fatta con un prodotto, un'azienda, una persona è un potente driver di reputazione. Se ho avuto un'esperienza «normale» accettabile, non ne parlerò con gli altri. Se ho avuto un'esperienza negativa, forse lo farò sapere al mio network di contatti. Se ho avuto un'esperienza straordinaria o almeno inaspettata (e positiva) che ha superato le mie attese, è probabile che mi venga voglia di farlo sapere al mondo (diventerò un «influencer») – anche perché ormai tendiamo ad aspettarci sempre il peggio e non il meglio. È quindi sempre valida l'antica regola di *underpromise* (promettere meno di quanto riteniamo di poter fare) e *overdeliver* (dare di più di quanto promesso). Dare uno sconticino a sorpresa, consegnare un giorno prima, attivare meccanismi di customer care inaspettati. Meglio promettere il giusto e sorprendere dando di più, che fare il contrario.

3.6.2 *Mostrare che ci teniamo*

Molto potente come fattore emotivo è la costruzione di una percezione che superi il «normale» customer care. Essere bravi a risolvere i problemi è buona cosa, ma è giocare di rimessa, è comunque un dover ammettere che nella relazione con noi ci possono essere dei problemi... che quantomeno riusciamo a minimizzare, affrontare, risolvere. Diverso è invece mostrare interesse, rispetto, affetto, proattività. Far vedere che ci teniamo. Dire che il cliente è al centro è ormai troppo spesso una sterile frase nelle mission aziendali o nei materiali pubblicitari. Parole vuote, che non si traducono in azioni concrete che le persone possano percepire. Dimostrarlo in pratica, con fatti, azioni e con un po' di affettività può essere una delle chiavi per costruirsi una superiore reputazione – e forse un giorno entrare nell'Olimpo delle marche amate dalla gente.

3.6.3 *Lavorare d'anticipo*

Cercare gli altri solo quando ne abbiamo bisogno non è una buona strategia relazionale. Se ci facciamo sentire dagli influencer solo quando ci serve un favore, settiamo la relazione in modo molto utilitaristico; chiedendo (generalmente) di darci valore gratuitamente, esplicitando che il blogger per noi è uno strumento da usare, in quello specifico frangente, piuttosto che una persona con cui relazionarci nel tempo. Il che non faciliterà la costruzione di un buon rapporto, di quelli in cui i favori si fanno volentieri.

3.6.4 *Rendere facile la condivisione*

Se quello che facciamo è orientato a stimolare il passaparola (che ci aiuta a costruire reputazione), dobbiamo essere attenti a rimuovere ogni possibile ostacolo a questa forma di diffusione dell'informazione. Ogni step in più in un processo, ogni complicazione disincentiva considerevolmente l'azione delle persone. Facilitiamo allora la condivisione delle nostre notizie, pensiamo a un'ergonomia dei nostri messaggi in ottica social, studiamo i modi migliori per far sì che le persone possano propagare il nostro messaggio (magari con un endorsement personale) al proprio network.

3.6.5 *Il buon senso è merce rara*

Può sembrare strano sentirlo dire da una persona che fa della strategia e della sofisticazione dei ragionamenti il suo lavoro, ma l'esperienza insegna che si rischia, a furia di ragionamenti, di perdere di vista la concretezza. E un po' di sano buon senso spesso è una guida importante. Attività, pensieri, campati in aria, basati su complesse letture della realtà, su modelli ennepuntozero, troppo accademici o troppo teorici, lontani dalla vita quotidiana delle persone «vere», rischiano di condurre a iniziative che non risuonano con il nostro target, che non hanno per i nostri destinatari un significato concreto, facilmente comprensibile.

3.6.6 *Guardare le cose con gli occhi del target, non dell'élite degli addetti ai lavori*

In quest'ottica strategica, non possiamo guardare alla realtà attraverso il filtro della nostra cultura, delle nostre priorità, di quel po' di lavaggio del cervello che ci siamo fatti per essere più motivati nel nostro lavoro quotidiano, nel porre il nostro prodotto al centro del mondo. Specialmente se siamo addetti ai lavori del marketing o della comunicazione, se leggiamo molti libri, rischiamo di essere portatori di modi di pensare e ragionare che non sono rappresentativi delle persone più «normali» di noi; rischiamo di parlarci addosso, di comunicare bene solo a quelli simili a noi... che il più delle volte però non sono il target. Come spesso non lo siamo noi. Nella logica più basica del marketing, occorre quindi conoscere il proprio target, esser capaci di mettersi nei suoi panni, di vedere le cose con i suoi occhi ed entrare nella sua cultura (anche se non ci piace) per riuscire a stabilire una relazione, sviluppare prodotti giusti, comunicare efficacemente.

3.6.7 *La semplicità è un valore e non va sottovalutata*

Di conseguenza, se vogliamo costruirci una reputazione, dobbiamo riuscire a «farci capire». Un ente che organizza attività oscure, complesse, difficili da decodificare non riuscirà a entrare positivamente nel mondo emotivo, a guadagnare il rispetto necessario nel mondo razionale. Spesso coloro con cui vogliamo parlare non sono smodatamente sofisticati. Molte delle persone a cui vogliamo vendere i nostri prodotti o le nostre idee vivono in maniera relativamente semplice. E/o hanno mille altre cose da fare, quindi non possono e non vogliono dover compiere grandi sforzi per decodificare ciò che intendiamo dire loro con il nostro messaggio, ciò che chiediamo loro con la nostra azione. La perfezione non si raggiunge aggiungendo: si raggiunge quando non c'è più nulla da togliere. Quando cioè si arriva a quella chiarezza, a quella semplicità che colpiscono le persone, facendosi ricordare e innescando ragionamenti e modifiche di comportamenti.

3.6.8 *Rispettare il tempo degli altri*

Le persone hanno anche altro da fare oltre a starci a sentire (vale il principio «brief and to the point», ovvero essere concisi e andare al dunque): rispettiamo quindi coloro a cui ci rivolgiamo e cerchiamo di essere bravi a sintetizzare, focalizzandoci sull'essenziale. L'attenzione è una merce scarsa, chiederne troppa significa mancare di rispetto.

3.6.9 *Pensare in modo strategico, non tattico*

Se vogliamo avere successo (e vogliamo averlo in un'ottica di lungo periodo, non in una logica mordi e fuggi) è fondamentale sviluppare una strategia che, dall'analisi dello scenario che ci circonda, dei nostri obiettivi, delle persone con cui abbiamo a che fare (clienti, influencer, stakeholder) ci permetta di costruire un impianto coerente al cui interno dare spazio a specifiche azioni. In sostanza, evitiamo di avviare un piano di PR digitali decidendo, senza ragionarci sopra, che tutto si riduca a un incontro con i blogger: partiamo invece dalla definizione di obiettivi sensati, da una valutazione della situazione di contesto, dall'individuazione delle mosse più intelligenti da fare e di quelle da evitare.

3.6.10 *Non perdere la consapevolezza che siamo (sempre) su un palcoscenico*

Nella comunicazione tutto ciò che facciamo (per definizione) è visibile al pubblico. Ed è anche vero che tutto ciò che facciamo comunica qualcosa. Il che implica che non possiamo permetterci di abbassare l'attenzione, correndo il rischio di incappare in scivoloni o, come li amiamo chiamare adesso, *fail.* Occorre comportarsi sempre come se si stesse parlando in pubblico, come se si fosse ripresi in diretta dalla televisione. Perché siamo sempre sotto l'occhio dei nostri target, stakeholder, dipendenti, giornalisti.

3.6.11 *Accertarsi che il cervello sia collegato prima di utilizzare lingua o tastiera*

Bisogna prestare estrema attenzione a non scrivere, sull'onda di un'emozione, cose di cui poi ci potremmo pentire. Fondamentale sotto questo punto di vista è sensibilizzare tutto il team – specialmente i componenti di minore esperienza. È vero che lavorare in tempo reale può recare vantaggi, che il *real time marketing* è molto cool, ma cinque minuti di riflessione prima di agire non cambieranno la storia e potranno evitarci reazioni successivamente difficili da arginare e gestire. Con l'occasione, una nota: essere «divertenti» è molto difficile. Ciò che diverte noi può far infuriare o annoiare il nostro pubblico. Su questo fronte è facile fare passi falsi: se non siamo bravi, meglio precauzionalmente evitare.

3.6.12 *Un po' di paranoia aiuta a evitare gli errori*

Non bisogna farsi paralizzare dai dubbi ma è saggio tenere sempre ben presente che possiamo sbagliare; domandarci se una cosa che ci sembra divertentissima non possa invece irritare qualcuno e innescare una crisi, verificare ogni nostra affermazione prima di pubblicarla… ricordiamoci che la Legge di Murphy è sempre in agguato e che più siamo lucidi, focalizzati (e un pochino paranoici) meno errori faremo, specialmente se siamo costretti a lavorare di fretta, sotto pressione.

3.6.13 *Rispettare le persone e le loro opinioni*

Un buon consiglio è quello di astenersi dalle critiche, anche se si può esprimere il disaccordo. Ricordiamoci che oggi le persone si sentono più potenti e importanti delle marche. E online spesso lo sono. Ancora più importante, ricordiamoci che le persone chiedono rispetto (mentre nei propri interventi spesso non ne dimostrano, insultando e dileggiando marche, aziende e organizzazioni, minacciandoci se non abbiamo assicurato prestazioni adeguate, sfogando le proprie frustrazioni su chi gestisce le pagine social della marca...). In questa asimmetria tocca alla figura più «istituzionale», al comunicatore, farsi carico di un atteggiamento corretto e, soprattutto, evitare la critica personale o peggio l'insulto, che è una scorciatoia per far nascere seri problemi. Se siamo in disaccordo diciamolo e sosteniamolo con delle prove difficili da smantellare, ricordandoci che la calma è la virtù dei forti, che chi urla probabilmente passa dalla parte del torto e chi la butta sul personale probabilmente lo fa perché non ha buoni argomenti sul piano fattuale e razionale. Insultare e offendere le persone con cui si parla è un problema che tende ad amplificarsi in rete e a danneggiare la nostra reputazione.

Case history – Un pranzo da incubo

Ha dell'incredibile, ma succedono anche episodi come quello che ha avuto per protagonista Samy Bouzaglo, ristoratore dell'Arizona che, ricevute alcune recensioni online negative, è entrato in una vera e propria guerra di opinioni (e insulti) con i clienti. La guerra si è estesa in rete divenendo un caso, al punto che il ristoratore e la moglie hanno accettato di partecipare al programma tv di Gordon Ramsey (chef pluristellato) *Kitchen Nightmares*, pensando che il conduttore avrebbe detto che in fondo avevano ragione loro, non gli utenti che denunciavano online la pessima qualità del ristorante. Inaspettatamente Gordon sbatte loro in faccia la verità (insulti ai clienti in sala, mance rubate ai dipendenti, porcherie fatte in cucina): i titolari del locale si ostinano a negare e Gordon li abbandona soli in scena. Lo show va in onda, le stroncature del ristorante esplodono. Bouzaglo e la moglie iniziano a insultare chiunque, anche chi chiede informazioni «normali». La fanno talmente grossa che a un certo punto comunicano che il loro social account è stato hackerato e che non sono stati loro a scrivere quelle cose...
Si veda «Bad PR: A Case Study in How Not to Manage Your Online Reputation», www.axiapr.com.

3.6.14 *Attenzione ai «temi sensibili»*

Esiste tutta una serie di argomenti che polarizzano l'opinione pubblica e introno ai quali il dibattito è garantito, così come l'insulto probabile. Qui il suggerimento è individuare quelli che sono i temi «a rischio» per il nostro mercato e la nostra attività, e definire con grande precisione la nostra posizione, le prove a supporto, le nostre linee guida nel trattarlo.

Su quelli che poi possono essere temi più ampi, non correlati specificamente alla nostra attività, meglio evitare di andarsi a impelagare in discussioni che si addentrano in aree che non ci competono e da cui non possiamo trarre vantaggi. Soprattutto evitare battute e umorismo su argomenti delicati.

3.6.15 *Tutti sbagliano, l'importante è gestire bene il problema (e saper chiedere scusa)*

Sui social lo vediamo con chiarezza quasi quotidianamente: sbagliamo, ci scappa «qual'è» con l'apostrofo e i censori sempre all'erta si scatenano a mettere in dubbio il nostro curriculum scolastico; offendiamo involontariamente qualcuno e questo urla al boicottaggio dei nostri prodotti. Capita. Nella maggior parte dei casi si tratta di un «non evento», una cosa che interessa pochissimo alla maggior parte delle persone, viene rubricata come peccato veniale e presto dimenticata. Se si sbaglia si ammette l'errore, si chiede scusa: se siamo bravi a scrivere ci facciamo magari una battuta, facciamo vedere che non ci prendiamo troppo sul serio (se il DNA della nostra marca lo consente) e la cosa in genere finisce lì. Se il nostro *fail* non è epico, la gente ha altro da fare e altro su cui scatenarsi. L'importante è non ingigantire un «non problema» con la nostra reazione.

3.6.16 *Far vedere che abbiamo imparato*

Una critica, se costruttiva, è una segnalazione che ci fa imparare, è un feedback che di aiuta a migliorare. Se è distruttiva, se è insulto, va ignorata. La nostra reputazione trarrà beneficio dal dimostrare che ascoltiamo, teniamo conto, lavoriamo costantemente per migliorarci. Ma anche che sappiamo distinguere chi merita considerazione.

3.6.17 *Gestire le critiche con trasparenza e cortesia*

Nella misura del possibile, cercare di avere un rapporto onesto e franco con chi ci critica. Se c'è stato un disservizio, un evento negativo, in genere è utile (relazionalmente) cercare di spiegare onestamente quello che è successo. Se possibile, dare prove che si è trattato di un evento davvero straordinario rispetto alla media delle nostre performance. Chiedere scusa, se si è provocato un disagio (o peggio). Cercare di compensare (se possibile, con generosità) il danno. Ma se la critica è infondata, evitare di prenderci colpe non nostre o di entrare in sterili discussioni.

3.6.18 *Rifuggire dall'atteggiamento «io non ho sbagliato»*

Se ci irrigidiamo sulla posizione «io non ho sbagliato» e cerchiamo di scaricare su qualcun altro la colpa, allora diventiamo dei provocatori. Urteremo la sensibilità di qualcuno che si sentirà preso in giro di fronte a quella che ritiene un'evidenza. Alzeremo un godibilissimo pallonetto a chi abbia voglia di divertirsi o di fare un po' di audience per il suo blog costruendo un caso di *epic fail* e irridendoci (nota: i post sugli epic fail sono sempre tra i più letti del mio blog; il pubblico ha evidentemente fame di imprese e casi da sbeffeggiare. Un'azienda che ammette di aver sbagliato non è invece divertente, e suscita molto meno interesse).

Case history – Euronics e una crisi ingigantita

Quello capitato a Euronics poteva passare come un *fail* minore, che sarebbe stato presto dimenticato, e invece si è ingigantito fino a far parlare di sé per molti giorni. In un post (peraltro di scarsa rilevanza) pubblicato sulla pagina Facebook dell'azienda era stata inserita una fotografia in cui, oltre a un rubinetto e un lavandino, si poteva scorgere quella che con ogni probabilità era cocaina. Anche se il dileggio e lo sberleffo sono immediatamente partiti in rete, il tono dei commenti era più scherzoso che aggressivo, e mediamente l'accaduto veniva imputato a una svista nella scelta dell'immagine, svista che certo si sarebbe dovuta evitare ma che era comunque perdonabile. Questa micro-crisi si sarebbe esaurita nel giro di un giorno o due, lasciando poche tracce. Si è invece riaccesa a seguito della comunicazione ufficiale in cui l'azienda negava ogni responsabilità, rivelando che la foto era stata postata fraudolentemente dall'intervento di un qualche hacker che, dopo aver preso il controllo della pagina Facebook, aveva pubblicato il contenuto inappropriato, senza che Euronics potesse fare nulla a riguardo, salvo poi riguadagnare in un qualche modo il controllo e rimuovere la foto incriminata. La versione ufficiale non è stata però creduta; l'opinione pubblica ha giudicato che l'azienda avesse cercato di spacciare una versione di comodo per non assumersi la responsabilità dell'accaduto e che si rifugiasse a oltranza nell'«io non ho sbagliato». Questo ha provocato una levata di scudi e un dileggio veramente notevole, amplificando la portata della discussione fino a toccare migliaia di persone che, trovando divertente la cosa, hanno fatto del loro meglio per scrivere i commenti più corrosivi e stigmatizzare il comportamento dell'azienda.

A priori nulla può far escludere che la cosa sia andata davvero come racconta Euronics; ma la maniera in cui questa verità un po' rocambolesca è stata posta al pubblico ha fatto sì che si innescasse una crisi di credibilità e quindi di reputazione. Che però, essendo basata su un tema prettamente di comunicazione e abbastanza circoscritta a un ambito di appassionati ed esperti della materia, è stata una crisi in fondo marginale rispetto al business. Probabilmente irrilevante rispetto alle motivazioni che possono indurre una persona a comprare da Euronics (il prezzo *in primis*). Una crisi che dunque ha fatto divertire molte persone ma che ha probabilmente arrecato danni contenuti. Ma pur sempre un precedente pericoloso, che potrebbe aggravare un'eventuale prossima crisi, perché le ricadute sono spesso più pericolose delle malattie.

3.6.19 *Evitare di buttare la colpa sugli utenti*

Un classico *reputation killer* è rispondere a una critica cercando di dimostrare che non è stata l'azienda a sbagliare, ma l'utente. È vero che in realtà spesso è l'imperizia, la superficialità o la scarsa intelligenza dei clienti a creare problemi ma ancora una volta dobbiamo farci carico di tenere la testa a posto quando gli altri hanno perso la loro. Può essere che le nostre istruzioni per l'uso non siano chiare, che ci sia qualcosa nel nostro prodotto o nella sua comunicazione che può indurre in errore; o che il nostro concetto, la nostra comunicazione siano troppo complessi per certe fasce di lettori. Il che può portare anche a piccole crisi, semplicemente perché non siamo stati capiti. Ma anche quando la colpa sia palesemente del cliente, è fondamentale, dal punto di vista della relazione con lui (e con tutti quelli che leggono), evitare di dare l'impressione che vogliamo sottrarci alle nostre responsabilità.

3.6.20 *Se dobbiamo sbagliare, sbagliamo perché si è sperimentato*

Spesso si sbaglia perché si è paralizzati dalla paura di sbagliare. Quindi non si assumono rischi, non si innova e non si sperimenta, ci si butta a fare solo le cose che altri hanno già fatto e che si sono dimostrate poco pericolose. Senza rischi in genere non ci sono grandi guadagni. Solo sperimentando riusciremo a intraprendere strade diverse, uniche, che «buchino». Sbagliare ma accumulare esperienza (se non abbiamo fatto errori mortali, ovviamente) è un guadagno. Ricordiamoci che tutto il mondo *digital* più che delle regole propone dei «casi» (in genere non replicabili) e che solo procedendo per tentativi riusciremo a imbroccare quelli di vero successo. E poche cose aiutano a costruirsi una reputazione positiva quanto l'avere successo.

3.6.21 *Far sentire la propria voce*

Con convinzione. In un mondo in cui le aziende hanno perso negli anni molta stima per via di comportamenti arroganti (specialmente le aziende che si trovavano a operare in regimi di monopolio o oligopolio), un po' di umiltà e un po' di modestia possono essere dei valori utili. Non bisogna d'altra parte chiudersi nella timidezza, nel riserbo eccessivo che impediscono di spiegare al mercato le nostre ragioni, i nostri punti di vista, i nostri risultati. Occorre invece spiegare perché non siamo d'accordo con qualcuno o con qualcosa, perché riteniamo di essere dalla parte della ragione quando attaccati. L'azienda ha il diritto (e, rispetto agli stakeholder, spesso il dovere) di prendere posizione e di difendere le proprie ragioni. Con educazione, con i giusti toni. E con convinzione. Se siamo noi i primi a non credere in noi stessi, come potremo convincere gli altri a farlo?

3.6.22 *Essere modesti, ma non tenere segreti i nostri successi*

Analogamente, se abbiamo fatto una bella cosa, facciamolo sapere. Sempre a condizione che sia davvero interessante per il nostro target. L'importante è non essere arroganti, non essere autoreferenziali o autocelebrativi. Il rischio è diventare antipatici.

3.6.23 *Ricercare la coerenza*

Su tutti i mezzi, in tutti gli ambiti, in ogni momento. Le persone non fanno distinzioni e difficilmente valutano i diversi toni di voce adottati per differenti strumenti e ambiti. Le persone ragionano per somma e si aspettano che persone, enti, organizzazioni siano coerenti, dicano sempre la stessa cosa o almeno cose molto simili. Che la nostra personalità sia sempre la stessa, così come che i messaggi che lanciamo al nostro pubblico siano allineati tra loro.

Il problema può però nascere quando persone diverse e agenzie diverse si trovino a comunicare su strumenti diversi per il nostro brand, collaborando alla costruzione e allo sviluppo della nostra reputazione. Se questi soggetti non sono fra loro allineati, coordinati e supervisionati, il rischio di interpretazioni differenti è molto alto – e di qui alla comunicazione incoerente il passo è breve.

La comunicazione incoerente genera dissonanza, dubbi, domande alle quali a volte è difficile fornire buone risposte. Occorre quindi adottare un tono di voce omogeneo, un linguaggio appropriato e coerente. Se siamo una marca dobbiamo avere *una* personalità, non personalità multiple. Dobbiamo parlare sempre con lo stesso spirito, proiettare sempre la stessa immagine. Tono, linguaggio, immagine devono essere nostri, devono rappresentarci. E devono essere affini al nostro pubblico, ai suoi bisogni e desideri. Anche questo si chiama Marketing.

3.6.24 *Non barare*

Probabilmente ci beccheranno. Mentire non è in genere una buona strategia. Specialmente in rete – in un ambiente dove forte è la tendenza a ricercare la notizia scandalistica, a smascherare aziende e personaggi cattivi – le bugie hanno le gambe corte. Al di là delle considerazioni etiche già esposte, basta essere pragmatici e ricordarsi che, storicamente, chi veniva sorpreso a barare aveva vita breve e che la voce delle persone, se si coalizzano, è spesso più forte della nostra.

Essere affidabili è meglio che essere simpatici. Attenzione che una buona comunicazione non supportata da un buon delivery non può farcela. Costruirsi la reputazione di un simpatico ma inaffidabile idiota non è una strategia vincente. Le parole sono potenti, ma meglio se sono suffragate da prove. In pubblicità si chiama *supporting evidence* ed è la prova che quello che diciamo è vero. Serve per chiudere la bocca ai critici e ai detrattori, o almeno a provarci. Dati e numeri raccontano storie convincenti. Fotografie e racconti di prima mano aiutano a mostrare la verità di quello che affermiamo. Anche se poi ci sarà sempre chi potrà dire che abbiamo manipolato numeri e prove, ci troveremo in una posizione decisamente migliore di chi può solo invitare le persone a crederci sulla parola. «In God we trust. Everybody else bring data», come diceva W. Edwards Deming.

Da leggere

Don Peppers e Martha Rogers, guru del marketing, hanno creato il neologismo *trustability* («fiduciabilità») per esprimere la capacità delle aziende di meritare «massima fiducia», comportandosi da «avvocato» che si mette dalla parte del cliente e non da semplice attore che mantiene le promesse. Si veda il loro libro *Massima fiducia. L'onestà come vantaggio competitivo*, ed. italiana Milano, Egea, 2012.

Un approccio conversazionale vuol dire proporre temi ma anche cavalcare quelli proposti da altri. Significa mostrare di ascoltare gli input che arrivano «da fuori», attribuire valore al pensiero di chi ci segue, essere consapevoli che il nostro non è (solo) un monologo ma anche una conversazione. Spesso dal mercato emergono spunti interessanti, che possono rivelarsi suggerimenti utili per la nostra strategia e la nostra comunicazione. Sfruttiamoli, elaborandoli e incorporandoli tra le idee che alimentano la nostra attività di PR digitali.

3.6.25 *Non cercare di strafare*

Evitiamo di rincorrere tutti i trend, tutte le mode di comunicazione, tutte le opportunità, e saturare con cento messaggi e cento tool lo spazio della nostra comunicazione. Evitiamo di fare troppo e male. Poco e bene è molto meglio. Cerchiamo di ottimizzare, di concentrare le risorse (specialmente tempo, intelligenza e persone) sulle cose prioritarie, evitando di disperderci in mille attività, nessuna delle quali curata come si deve. La reputazione non è la somma di mille voci che gridano insieme, ma l'accordo di poche voci che dicono le poche cose importanti. E se queste voci sono quelle delle persone, in rete, molto meglio.

3.6.26 *Imparare a lasciar correre*

Se veniamo attaccati o semplicemente menzionati in un modo che non ci piace, forse facciamo meno danni a lasciar perdere che a contrastare energicamente. Prima di intervenire, meglio pensare bene a rischi e opportunità.

Effetto Streisand

Si parla di «effetto Streisand» per indicare quei casi in cui personalità o marche famose intraprendono azioni (anche legali) per chiedere la rimozione di contenuti a loro sgraditi, trasformando in questo modo dei contenuti che sostanzialmente non sarebbero interessati a nessuno in argomenti molto popolari. A causa del *buzz* generato, questi interventi di risposta possono rivelarsi veri e propri autogol.
Si veda in proposito l'articolo di Justin Parkinson, «The perils of the Streisand effect», www.bbc.com, ricco di esempi.

3.6.27 *Lavorare in modo strategico e ordinato, ma senza lasciarsi ingessare*

La chiave per un progetto che funziona bene è quella di pianificare ed eseguire in modo ordinato. Ma il mondo del digitale e la sua cultura hanno una forte componente di imprevedibilità, di «tempo reale». Possono nascere problemi improvvisi ma anche improvvise opportunità da cogliere. Finestre strette, da cogliere velocemente per non arrivare in ritardo ed essere irrilevanti. La capacità di reagire al volo e saper improvvisare (dentro una strategia) può assicurare quel valore in più che fa compiere lo scatto in avanti.

4 Influencer e PR digitali

4.1 Che cosa intendiamo per (online) influencer

Uno dei capisaldi della teoria (e della pratica) delle PR digitali è arrivare al pubblico attraverso la collaborazione di persone «influenti» nel mondo digitale. Anche in questo caso non è facile disegnare i confini di quello che in fondo è un concetto vago e un po' scivoloso. Una buona definizione può essere quella proposto da www.businessdictionary.com alla voce «Influencers»:

> Individuals who have the power to affect purchase decisions of others because of their (real or perceived) authority, knowledge, position, or relationship. In consumer spending, members of a peer group or reference group act as influencers. In business to business (organizational) buying, internal employees (engineers, managers, purchasers) or external consultants act as influencers.

Ovviamente quando parliamo di influencer parliamo di persone (o di organizzazioni...) in grado di influenzare le opinioni di altre persone («in target» per noi), di costruire o modificare la reputazione della nostra marca/azienda/prodotto/associazione. L'influencer è quindi una figura che esercita influenza in virtù della propria visibilità e reputazione, su un pubblico che a noi interessa raggiungere. L'influencer è in grado, attraverso la propria credibilità su audience giuste e sufficientemente ampie, di mettere in moto meccanismi di creazione o modifica della reputazione, di *awareness* e interesse verso prodotti/idee/progetti.

Occorre però tenere conto che:

- *non esistono influencer «universali»* in grado di fare opinione a 360 gradi: una persona influente sul settore turistico molto probabilmente non sposterà opinione sul beauty, e una blogger di moda sarà ininfluente

sulla scelta di un pc; e di questo occorrerà tenere conto nella selezione delle persone con cui intendiamo avviare una relazione;
- nella pratica del lavoro, specialmente in visioni e approcci poco approfonditi, *si tende a confondere influencer e blogger* e a sviluppare progetti di coinvolgimento molto meccanico ristretti a questi ultimi, mentre in realtà il panorama può essere più articolato, a condizione che si abbia una visione strategica, che ci si possa da un lato permettere creatività nei progetti e che dall'altro disporre di budget tali da poter travalicare il limite di un'attività minimalistica, all'insegna del pericoloso «minima spesa, massima resa».

4.1.1 *Le principali tipologie di influencer «digitali»*

Il tipo di persone che possono esercitare influenza sul nostro «mercato» dipende molto da chi siamo, che cosa facciamo, di che cosa ci occupiamo. In termini generali possono rientrare tra gli influencer:

- blogger;
- gestori di forum e community dove si discutono temi specifici e membri particolarmente attivi, competenti e autorevoli;
- giornalisti e opinionisti ascoltati;
- utenti dei social media con un forte seguito e un'alta credibilità nel loro campo di expertise;
- prescrittori, recensori, ma anche figure istituzionali o con un ruolo specifico in processi decisionali;
- redattori online: giornalisti, gestori e moderatori di siti di informazione che trattano tematiche rilevanti per il brand/azienda/prodotto;
- blog di appassionati (amatoriali) e piattaforme di *nanopublishing* (professionali);
- utenti particolarmente attivi in rete, nei forum o nelle community di riferimento per il brand/azienda/prodotto.

Da leggere

Anche se in un'ottica un po' americana, può essere interessante leggere il contributo di Christina Jones, «4 Types of Digital Influencers and How to Connect With Them», quickbooks.intuit.com.

4.2 Gli influencer non sono una novità

L'uso di influencer, magari sotto altri nomi, è una pratica di vecchia data che all'inizio mirava a individuare «prescrittori» tra celebrità e giornalisti. Poi tale pratica si è evoluta. Senza voler entrare nel merito del mutato ruolo e peso della stampa, va notato come l'emergere di almeno due categorie di nuovi influencer abbia cambiato lo scenario: parliamo dei *blogger* e degli *utenti influenti*. O meglio: parliamo di quei blogger (una ristrettissima minoranza) che sono riusciti a costruire degli strumenti di comunicazione autorevoli e seguiti, e che sono effettivamente in grado di influenzare opinioni e comportamenti – direttamente, attraverso la semplice lettura dei loro post, e indirettamente, venendo ripresi da altri blogger che citano, discutono, amplificano il tema, ma anche dai giornalisti, che sempre più spesso seguono i blogger più capaci e reputati, utilizzandoli come fonti autorevoli, per cui un post può trasformarsi in spunto per un articolo. In questo specifico aspetto (anche se non è il solo) si realizza una saldatura tra PR tradizionali e PR digitali e per questo specifico motivo le aziende hanno da tempo iniziato a lavorare alla costruzione di operazioni di PR digitali e di relazioni personali con i blogger (in qualche modo simili, ma anche molto differenti, da quelli che erano fino a qualche anno fa i rapporti con i giornalisti importanti – che peraltro continuano a giocare un ruolo significativo).

4.3 Perché coinvolgere gli influencer

Vi sono molti motivi che ci portano a coinvolgere gli influencer nella nostra comunicazione.

Innanzitutto la progressiva evoluzione del pubblico rispetto all'advertising. Le persone hanno sviluppato la capacità di «resistere», di distrarsi, di non ricordare. Ma non solo: l'era della comunicazione digitale ha contribuito a cambiare i comportamenti. Ha incentivato un ruolo più attivo nelle scelte d'acquisto, anche attraverso l'uso di motori di ricerca, con l'obiettivo non solo di raccogliere informazioni, ma di avere a disposizione pareri e opinioni oggettivi, non falsati dalla naturale propaganda da parte di produttori. Ha creato persone che si muovono sempre più in un'ottica «multicanale», consumatori alla ricerca di una verità, al di là della pubblicità, che sveli i dietro le quinte e permetta di attingere a esperienze d'uso di prima mano per poter compiere delle buone scelte (di prodotto, di opinione, di voto...). Persone pronte ad ascoltare con interesse la voce di altre ritenute credibili ed esperte.

Perché non bisogna generalizzare

Attenzione: non tutti i consumatori sono ugualmente evoluti. Tendenzialmente, più cresce il livello culturale, più i processi di consumo si fanno sofisticati. Inoltre, anche in Italia moltissime persone non dispongono ancora di un accesso a Internet, e moltissimi di coloro connessi alla rete sono felicissimi di adottare comportamenti e scelte di consumo ancora «all'antica». Senza contare poi che anche i più digitali tra noi non sono disposti a essere consumatori 2.0 allo stesso modo per tutti i prodotti e per tutti i servizi. Troppa fatica, forse: e per molte categorie ci sembra proprio che non valga la pena.

Oggi una buona parte degli influencer tende a essere (anche) blogger: può trattarsi di giornalisti noti che amplificano le proprie idee, i propri messaggi attraverso blog personali (più o meno inseriti all'interno del sistema online delle testate per cui lavorano); oppure possono essere appassionati o addetti ai lavori che scoprono di essere bravi non solo a fare il proprio mestiere ma anche a raccontarlo, a fare informazione, diventando, in molti casi, veri e propri punti di riferimento per la loro capacità di fare opinione.

Gli influencer possono quindi:

- essere più credibili rispetto ad altre forme di comunicazione «tradizionale»;
- ottenere più visibilità rispetto alla pubblicità (che può passare inosservata);
- ottenere più attenzione;
- innescare conversazioni (tra loro e il pubblico o tra altri membri del pubblico).

Case history – Omaggi da blogger

Oggi un certo numero di aziende cerca di stringere rapporti «personali» con i blogger. A me, per esempio, è capitato che un'azienda realizzasse addirittura un video musicale personalizzato e cantato su misura per me, con un testo che faceva riferimento specifico ad aspetti miei personali (il tutto nell'ambito di un più ampio progetto di comunicazione per un detergente per WC: per chi è curioso, *Balls Dream Band for @robven* è disponibile sul mio blog). L'anno successivo l'invio è stato ripetuto con un *fun pack* decisamente *unconventional*: tra le altre cose una palma

gonfiabile e un asse da WC personalizzato (anche in questo caso, se non resistete... potete vedere il «blogger kit» in una pagina del mio blog). Questo esempio dimostra che, se anche la categoria di un prodotto non è tale da attirare attenzione e fare engagement, il coinvolgimento di un blogger – attraverso operazioni come l'invio del kit – può invece raggiungere l'obiettivo e portare alla pubblicazione di alcuni post focalizzati sull'operazione di comunicazione ma indirettamente dedicati anche a un prodotto che altrimenti sarebbe stato difficilmente «bloggabile».
Un altro caso di attenzione e coinvolgimento da parte dell'azienda, sempre attinto dalla mia personale esperienza, riguarda lo snack KitKat che, a fronte di un mio post (spontaneo) sulla brillante operazione di co-marketing effettuata con Google per la nuova release del sistema operativo Android (si veda il mio post «Come si fa innovazione nel marketing. Il Caso Kit Kat & Android 4.4») ha saputo... rincarare la dose con un omaggio del tutto singolare: il rarissimo KitKat a forma di robottino Android, che mi ha fatto subito scrivere un altro post («Android 4.4 KitKat Unboxing. Ma è quello di cioccolato»). In questo caso, è da notare come sia azienda sia agenzia siano state con le orecchie tese e gli occhi aperti a monitorare le conversazioni in rete e pronte a intervenire cogliendo opportunità estemporanee.

4.4 Che cosa vogliamo influenzare

A questo punto è cruciale focalizzare il ragionamento su che cosa ci attendiamo dalle azioni condotte con gli influencer.

Se la risposta è «vendere» occorre domandarsi se il ricorso agli influencer sia la strada più efficace ed efficiente. Se il nostro obiettivo è solo l'aumento delle vendite nel breve termine, potranno per esempio essere più utili pubblicità, sconti, promozioni e concorsi: ogni strumento ha un campo specifico in cui esprimere al meglio le proprie potenzialità.

Il lavoro con gli influencer serve a (ri)posizionare la percezione nei confronti di un prodotto/marca/idea e a supportare così la solidità del business anche nel medio e lungo termine. La costruzione di operazioni di «immagine» di questo tipo non esclude peraltro effetti positivi sui profitti.

Come a qualsiasi azione di comunicazione, però, anche alle operazioni con gli influencer occorre assegnare degli obiettivi specifici (concreti, misurabili, raggiungibili)[1]: cerchiamo dunque di capire esattamente che cosa esse possono fare.

È evidente che per vendere di più (o per ottenere voti o raccogliere do-

[1] Per una trattazione più esaustiva sul tema degli obiettivi e della loro determinazione, si veda Venturini, Laurita, *Strategia digitale*, cit. pp. 104 e sgg.

nazioni...), al di là dell'effetto contingente di un taglio del prezzo o di una promozione – iniziative che, condotte senza la dovuta cautela, rendono successivamente difficile tornare a proporre il nostro prodotto/servizio a prezzo pieno –, spesso è necessario rinforzare la nostra reputazione e modificare la percezione che si ha di noi, magari creando interesse e credibilità intorno a quello che facciamo, con l'aiuto di terzi. In sostanza: non è utile pensare solo a «farsi un'immagine». Bisogna pensare anche a come questa attività porterà un tangibile miglioramento nel nostro business, ci avvicinerà al concreto raggiungimento dei nostri obiettivi. E, d'altra parte, non bisogna nemmeno pensare di vendere di più usando solo uno strumento che lavora sull'immagine, in modo più mediato rispetto alle azioni che fanno muovere subito i fatturati, con tempi più lunghi. Se la pubblicità in televisione ha costi così elevati, forse ci sarà un motivo per il quale le aziende continuano a investirci ingenti somme di denaro.

4.5 Qual è il ruolo degli influencer

La prima fondamentale differenza tra PR digitali e pubblicità è che le PR digitali fanno generare messaggi a favore dell'azienda *da terzi*: chi parla al pubblico (con alcune eccezioni) non è l'azienda ma un influencer, uno stakeholder, un giornalista.

A questo punto potremmo pensare che si tratti (solo) di un più o meno grande teatrino manipolatorio che agisce attraverso il coinvolgimento di personaggi influenti. Premesso che qualsiasi forma di comunicazione, dalla pubblicità in giù, è sempre un'operazione che vuole portare le persone a pensare/fare cose utili all'azienda committente, in realtà nel mondo delle PR le cose sono diverse. Come discuteremo in maniera abbastanza approfondita, non è così facile coinvolgere influencer di rilievo e convincerli a schierarsi a nostro favore. Anzi, di norma, questo è proprio il problema principale. Che diventa enorme se la comunicazione che vogliamo far passare non è corretta, etica, veritiera (e, importantissimo, interessante).

Detto questo, in estrema sintesi esistono due modelli principali di ruolo che un influencer può svolgere nei nostri confronti (semplificando, e ricordando che la creatività sta anche nel trovare soluzioni alternative agli approcci usuali):

- l'influencer come narratore «esterno»;
- l'influencer come nostro ambassador «schierato».

4.5.1 *L'influencer come narratore*

In questo scenario l'influencer (blogger, giornalista, personaggio autorevole, persona credibile e seguita sui social...) sostanzialmente si focalizza sul racconto di una storia che ci riguarda. Può per esempio riferire di un incontro a cui ha assistito e in cui è stato presentato un nostro prodotto, giudicandolo interessante. O può essere la narrazione di un'attività che l'azienda gli ha fatto fare, di un'esperienza collaborativa a cui ha partecipato – come può essere un test di prodotto –, aggiungendo o meno un proprio endorsement.

In questi casi l'influencer si pone come soggetto terzo e indipendente rispetto al committente, riservandosi il diritto di critica, di sintetizzare i messaggi predisposti dall'azienda, di esprimere la propria opinione di esperto – che non necessariamente collima integralmente con quella dell'azienda o organizzazione che lo ha coinvolto.

4.5.2 *L'influencer come ambassador*

Il modello è quello dell'influencer arruolato (e normalmente remunerato) per diventare una voce più o meno ufficialmente schierata con l'azienda, una voce che lavora in modo esplicito e trasparente. Il meccanismo di credibilità sottinteso è che, essendo l'influencer una persona ritenuta affidabile, se decide di accettare una collaborazione con una marca ciò significa che ha probabilmente effettuato un qualche tipo di verifica previa che lo ha portato a giudicare quel brand appropriato, accettabile per un matrimonio con il proprio personal brand. Se per contro venisse scoperto a «fare pubblicità» per un ente meno che affidabile o positivo, l'influencer subirebbe un impatto negativo sulla propria immagine, sulla propria reputazione sul mercato, e in tal modo rischierebbe di diventare molto meno influente se non addirittura di essere percepito come persona che si «vende».

In questo sta una grande differenza tra l'influencer e il testimonial pubblicitario; nel secondo caso il testimonial non pensa davvero (o almeno, non necessariamente) ciò che dice in pubblicità. Viene pagato per dire delle cose, oggi da un'azienda, domani da un'altra; magari non ha nemmeno le idee chiare su che cosa faccia l'azienda o l'organizzazione e si limita a recitare il meglio possibile un copione.

Nel caso dell'influencer c'è invece una presunzione diversa: che, se ci mette la faccia, ci crede davvero; che, se fa un endorsement per un'azienda, questo sia basato su valutazioni solide; che, se parla bene di un prodotto, lo usi davvero e ne sia effettivamente soddisfatto... Che insomma, se si pone come ambassador, ci sia sempre una buona parte di convinzione personale in quello che dice e in quello che fa.

In sostanza, mettere sotto contratto un blogger come ambassador ha dei vantaggi in termini di positivo contributo alla nostra reputazione e di tempo e capacità (che a noi spesso mancano) messi a disposizione per sviluppare contenuti e attività di valore, ma quando un influencer si schiera smette di essere una figura *super partes*: viene arruolato per parlare bene di noi, il che lo fa diventare (molto? poco?) meno credibile, cessando di essere una fonte «imparziale».

E ancora: si è portati a pensare che il fatto di commissionargli un lavoro, cioè di pagarlo, farebbe diventare l'ambassador più controllabile; il committente si aspetta una maggiore possibilità di veder pubblicato ciò che vuole. Questo è un vantaggio solo apparente: troppo spesso infatti l'azienda ha una visione centrata sul prodotto e non sulla relazione; non ha esperienza di che cosa funziona e che cosa no.

Nella formula più semplice, l'azienda può ottenere che il blogger produca un contenuto esageratamente a supporto del prodotto: descrizioni entusiastiche, video e test con lodi sperticate; sempre che si arrivi a tanto, non è detto che sia una buona cosa, che funzioni, che sia la maniera giusta per influenzare il nostro cliente. Si sono visti interventi talmente rozzi in termini di comunicazione che non solo non hanno portato vantaggi ma, anzi, da un lato hanno danneggiato la reputazione del blogger, dall'altro hanno reso più antipatica la marca committente, per aver palesemente tentato un'operazione di bieca di manipolazione dei destinatari del messaggio.

4.6 Che cosa cerchiamo in un influencer

Occorre domandarsi chi sono, per il nostro specifico mercato, gli influencer della rete: quelle persone, cioè – sottolineiamolo ancora – che hanno un buon seguito sui social media e/o sono opinion leader; coloro che sono citati e ripresi, le cui idee e affermazioni fanno il giro di internet o almeno di certi suoi ambiti focalizzati. L'influencer tendenzialmente è una persona che dice cose interessanti, stimolanti, vere; o anche provocatorie, controcorrente, inaspettate.

Ovviamente la sua capacità di influenza non è un termine generico ma un fattore concreto – anche se poi difficile da misurare con dei numeri. E il tipo di influenza che desideriamo dipende molto dal nostro piano di marketing, dalla nostra situazione, dai problemi che intendiamo affrontare. Diverso il caso in cui dobbiamo creare *awareness* da quello in cui dobbiamo ricostruire credibilità, da quello in cui vogliamo spingere i nostri supporter a un'azione concreta. In modo molto semplificato, possiamo ragionare su di una valutazione della capacità della persona di creare e diffondere un'opinione che possa essere auspicabilmente amplificata da parte di coloro che lo ascoltano.

Non si tratta di ragionare in termini teorici, di fare pianificazioni media o di lanciare progetti impersonali: si tratta al contrario di scegliere singole persone con cui entrare in relazione. La questione più strategica sta proprio in quali persone coinvolgere, con quali logiche individuarle. Non basta ragionare in astratto, per comparti o tipologie (almeno dopo un primo, iniziale passo di riflessione). Si tratta di identificare nomi e cognomi, con associato un indirizzo email o un numero di telefono per poterle contattare e proporre loro un coinvolgimento nel nostro progetto.

Se devo parlare con gli influencer, non posso generalmente pensare a lanciare un sasso nello stagno, lanciare un messaggio in rete e limitarmi a sperare che gli influencer arrivino da soli e raccolgano il messaggio. Occorre (normalmente) contattarli di persona, uno per uno; e soprattutto conoscerli, sapere chi sono e che cosa fanno, come sono fatti, di che cosa amano occuparsi, qual è il loro approccio al nostro mercato e così via.

Una volta capito quali siano i tipi di influencer giusti, occorre stilare una lista e parlare con loro (approfondiremo un più operativamente il tema nel Capitolo 5 dedicato ai blogger).

4.6.1 *Reach / copertura*

Anche se l'uso di terminologia così «pubblicitaria» è piuttosto improprio, va comunque tenuto conto che l'influencer deve essere noto, dovrebbe quindi avere un'audience importante per il suo blog o un buon accesso ai mass media (perché scrive o viene intervistato...) o essere persona molto attiva sui social media, con un buon numero di follower. Anche se ragionare in termini di audience non è corretto, nella predisposizione di un piano di comunicazione la capacità di un influencer di portare la propria voce in modo allargato sul mercato, sulla piazza, è un elemento significativo. Di un influencer occorre valutare la capacità narrativa, la *smartness*, la capacità di usare i media e i tool social per amplificare la propria voce, la capacità di scegliere temi e argomenti stimolanti e di trattarli in modo attraente.

L'influencer deve avere un certo seguito; un blog bellissimo ma seguito da dieci persone forse non ha una sufficiente capacità di spostare opinione; ma attenzione che possono esistere settori di nicchia dove i potenziali acquirenti/stakeholder sono in numero limitato e dove non ha senso cercare di raggiungere ampi numeri. E occorre sempre pensare anche in termini di lungo periodo: coltivare un blog «piccolo» ma ad alto potenziale può essere un ottimo investimento per il futuro. Se possiamo ragionevolmente pensare che tra qualche tempo diventerà una fonte importante, vale la pena «coccolarla» fin da giovane.

4.6.2 *Credibilità*

La credibilità di un influencer è un fattore importante, che attiene alla reputazione che si è costruito, e può contribuire a sua volta a creare reputazione per le aziende/organizzazioni di cui l'influencer parla.

La credibilità si accresce parlando con onestà e competenza; gli influencer credibili sono quelli la cui parola può essere presa sul serio e può ragionevolmente trasformarsi in azione (voto, acquisto, sottoscrizione...) da parte di coloro che la ascoltano. Tutto questo, alla fin fine, attiene al ruolo che l'influencer deve/può avere nel nostro progetto. Gli influencer non sono tutti uguali in quello che possono e vogliono fare – così come i progetti, le necessità, gli obiettivi delle aziende/organizzazioni non sono tutti uguali.

Ci sono progetti che richiedono un forte contributo informativo; far sapere alle persone com'è veramente una cosa, dare informazioni corrette e complete; e ci sono influencer molto bravi a presentare questi temi, a incentivare le persone a fermarsi e ascoltare queste informazioni. Ci sono progetti dove c'è bisogno di motivare emozionalmente le persone, di attivarle, di portarle a schierarsi, a mobilitarsi a favore di una causa. E ci sono influencer che sono molto adatti per questo genere di ruolo di motivatori. Ci sono casi in cui ci servirebbe recuperare credibilità, e ci sono influencer autorevoli che possono (se lo ritengono giusto e opportuno) riversare la propria autorevolezza sulla nostra marca o progetto. La scelta di quelli che sono gli influencer adatti e appropriati dipende quindi da un'analisi strategica degli obiettivi e del progetto: non è cercando di selezionare un «blogger famoso» che automaticamente si raggiunge quell'evoluzione della percezione e della reputazione che ci attendiamo. Tutto dipende dunque dal settarsi correttamente e strategicamente gli obiettivi.

Sarà molto diversa l'esecuzione di un progetto di PR digitali nel caso in cui intendiamo far evolvere la percezione che si ha di noi, del nostro prodotto, della nostra marca, rispetto a quando invece vogliamo far crescere il numero di follower sui nostri canali social o il numero di tweet che ci riguardano o quando, ancora, vogliamo portare visite a un minisito promozionale piuttosto che far richiedere test drive a un concessionario d'auto, oppure far partecipare, collaborare, convincere le persone a generare contenuti e a condividerli con noi. Insomma, l'influencer non è una panacea generica e va individuato con grande accuratezza.

4.6.3 *Affinità di campo*

Non è solo una questione di numeri, di audience in termini puramente quantitativi. L'influencer selezionato deve essere seguito da quelle persone che ci interessa raggiungere; non ha senso cercare di raggiungere una qualche star televisiva sperando che scriva del nostro prodotto di enterprise cloud computing sul proprio blog. Il target che ci interessa probabilmente non segue quel tipo di personaggio, avremmo una fortissima dispersione del messaggio e, anzi, un endorser così fuori target potrebbe associare valori di immagine dissonanti per il nostro business. Qui scatterebbe la percezione del *testimonial*, che oggi parla di cloud e domani di biscotti, con la stessa (poca) autorevolezza e credibilità.

L'influencer da coinvolgere è quindi quello che ha qualcosa da dire ed è credibile in un campo che è il nostro, che ci è affine. D'altra parte può anche essere qualcuno che vede il mondo (il business...) allo stesso nostro modo. E che, pur non essendo un tecnico, è credibile in quanto persona.

Qui le strategie diventano più sofisticate, anche in maniera rilevante. Per esempio, se siamo un operatore telefonico può essere positivo coinvolgere un influencer esperto in tecnologia: parlerà a un target di persone specificamente interessate ma anche a un pubblico più generico che è in cerca di una raccomandazione sull'operatore da scegliere; ma può essere positivo anche coinvolgere un influencer, noto e credibile in termini più generali (potremmo pensare a qualcuno che si occupi di cibo e cucina), che svolga influenza giocando non un ruolo di esperto ma di «persona comune», quindi per certi versi ancora più significativo e rappresentativo per un target di prospect alla ricerca di un supporto alla decisione. Un altro esempio è rappresentato dalle iniziative che assemblano blogger di diversi campi a sostegno di un'idea, di un progetto etico, di un'attività, usandoli come testimonial ed endorser per la loro notorietà e credibilità. Un po' come si fa con la nazionale cantanti: sono personaggi che non necessariamente hanno un'influenza sul fronte calcistico ma che possono muovere opinione su progetti «alti».

Quanto più il nostro prodotto è di nicchia, tanto più sarà interessante individuare influencer che siano attivi in quella nicchia, in cui c'è meno spazio per tanti attori (sia aziende sia blogger) e dove quindi è tutto sommato più semplice comunicare attraverso la collaborazione con pochi ma ben identificabili blogger che rappresentano gli opinion leader del segmento.

Infine spesso si coinvolgono blogger che si occupano di marketing e comunicazione – a condizione che ci siano delle storie da raccontare sull'operazione (e non solo sul prodotto). Anche se questi probabilmente non parleranno molto del «prodotto» (non è il loro campo, non interessa loro, non sono competenti) potranno essere interessati a raccontare una storia attorno alla comunicazione, alla strategia, alla creatività che è stata sviluppata a supporto del prodotto; e contribuire così se non altro all'allargamento dei contatti raggiunti, amplificando l'azione dell'azienda su target diversi.

4.6.4 *Capacità di essere amplificato*

L'influencer ideale deve essere in grado di essere «amplificato» dai suoi follower; se un buon seguito è un fattore positivo, forse lo è di più la capacità dei contenuti che esprime di essere ripresi e ripubblicati dai suoi lettori e dai lettori dei suoi lettori, aumentando così considerevolmente la portata del messaggio.

4.6.5 *Disponibilità a partecipare*

Non tutti gli influencer sono aperti a collaborare con aziende, enti, organizzazioni. Per motivi personali, di opportunità, di filosofia possono decidere di rifiutare una collaborazione, per esempio ritenendo che questo potrebbe ledere la loro reputazione di imparzialità o perché sono ideologicamente antagonisti alle posizioni di chi vorrebbe coinvolgerli. Può essere un'ottima strategia quella di parlare con chi ci è contro, spiegarsi, confrontare le posizioni – far capire che si può essere avversari ma non necessariamente «nemici»; d'altra parte ci sono persone talmente schierate da rifiutare il dialogo e, anzi, pronte a usare le nostre aperture per cercare di creare ulteriore danno. Ciò detto, lo ribadiamo, quella di cercare un contatto con persone che ci criticano può essere una buona strategia; complessa, difficile, ma potenzialmente molto funzionale all'obiettivo di ridurre il numero di giudizi avversi e detrattori (a condizione di avere una solida ragione dalla nostra parte e di poter dimostrare che le critiche sono infondate o eccessive).

4.7 Che cosa, invece, non desiderare

Tra le cose che invece non è lecito desiderare, c'è innanzitutto l'*esclusività*, ovvero la richiesta che gli influencer che desideriamo coinvolgere non abbiano già parlato di nostri competitor o addirittura che non lo facciano in futuro.

Parlare di non concorrenza significa mettere le cose su un piano di acquisto di servizi, instaurando un rapporto cliente/fornitore. D'altra parte, se una persona parla di più di un prodotto, è ragionevole presumere che ciò la renda più interessante per il suo pubblico; che la vede in veste di esperto in grado di comparare e raccomandare e non di testimonial a senso unico. Specialmente se siamo convinti della superiorità del nostro prodotto e della sua capacità di uscire meglio degli altri da eventuali prove, dovremo assolutamente farlo testare da chi ne abbia già sperimentati altri.

Una seconda cosa che non dobbiamo desiderare è l'*affidabilità*. L'affermazione può sembrare paradossale, ma sottende alla necessità di acquisire la mentalità corretta. In un rapporto commerciale, pagato, è più che lecito attendersi un'erogazione impeccabile a fronte di una remunerazione pattuita. Se invece offriamo spunti e stimoli a un influencer (che deciderà in autonomia se gli interessano o meno) non abbiamo nessuna ragione di sollecitarlo a pubblicare, a esercitare la sua influenza, di lamentarci per i tempi troppo lunghi. In questo scenario mettersi a pretendere sfonda nella maleducazione, porta fuori dalle logiche di relazione, dimostra una totale incomprensione dei meccanismi. E quindi mina alla radice la possibilità che si instauri un rapporto positivo (di stima, di simpatia, di rispetto...) tra noi e l'influencer.

4.8 Dal controllo all'influenza

Il tema della relazione con i blogger è simbolico della più generale evoluzione della comunicazione dalla logica del controllo a quella dell'influenza, il cui sintomo più evidente è lo spostamento dei rapporti di potere tra persone e aziende (o comunque tra persone e organizzazioni).

In estrema sintesi possiamo dire che siamo passati da una situazione in cui le aziende avevano potere anche perché godevano di un'asimmetria informativa, a una situazione in cui di informazione ce n'è fin troppa (al punto che non abbiamo la possibilità di fruirne se non una minima parte).

Fino a quando le persone non hanno avuto accesso diretto alla conoscenza, finché non hanno avuto modo di creare e distribuire informazione, dipendevano fortemente da ciò che veniva loro erogato dai media, cioè da contenuti in larga parte controllati dal «sistema dell'offerta». Negli anni Settanta, per avere informazioni su un'automobile, il consumatore medio aveva poche scelte: la pubblicità delle case produttrici, i materiali informativi, il parere del concessionario o del garagista di fiducia, gli articoli sui media (tv, stampa...). Tutta l'informazione su una nuova vettura era controllata dal produttore. Il passaparola era per forza di cose limitato ad ambiti molto ristretti, dato che le persone non avevano a disposizione i mezzi attraverso cui far sentire la propria voce. Oggi, al contrario, se vogliamo informazioni su un'auto, a volte il sito o i materiali ufficiali della casa automobilistica sono l'ultima cosa che guardiamo (ma a volte la prima), dato che per qualsiasi prodotto (o quasi) esiste una quantità infinita di informazione, prove, recensioni, opinioni indipendenti che possiamo scoprire e di cui possiamo fruire con un paio di click (o di *tap*, visto che siamo sempre più mobili). Ci sono siti, forum, blog che possono arrivare ad avere molti più lettori dei siti o delle pagine Facebook delle case automobilistiche. Quindi fonti indipendenti, per dirla in maniera brutale, possono avere più audience dei produttori dei prodotti di cui parlano, e quindi esercitare più influenza anche solo per la forza dei numeri. La voce dell'azienda non è più come una volta apprezzata per la sua capacità di portarci informazioni (su prodotti, ma anche su temi e stili di vita – che la pubblicità, specialmente televisiva, ha contribuito molto a influenzare) dato che è solo una delle voci che ci raggiungono e di norma nemmeno la più forte.

Che poi molta di questa informazione che si genera in rete sia poco affidabile, se non addirittura manipolata e manipolatoria, è un'altra faccenda – e implica il problema di acquisire dei filtri, degli strumenti per distinguere, individuare l'informazione buona (e purtroppo molte persone, in rete, sembrano non avere la sensibilità critica giusta e non solo fruiscono ma redistribuiscono informazione cattiva, agendo quindi da influencer negativi della società). Ciò implica che per l'azienda può risultare ancora più difficile far passare il proprio punto di vista, in un ambito mediatico dove «gira di tutto» e dove esistono posizioni preconcette, magari non basate sui fatti. Se l'azienda non ha più il potere di centellinare l'informazione (scegliendo quali parti fare arrivare al pubblico e quali no), se oggi le persone possono generare informazione di prima mano (per esempio con prove prodotto, reportage oculari... e qui ci sarebbe da parlare a lungo di *citizen journalism*, di informazione fatta sul campo da persone presenti ai fatti), dobbiamo concludere che l'azienda ha perso potere.

Farà molta più fatica a controllare le persone, a plasmare la percezione con messaggi dall'alto. Diventa una delle voci del coro, uno degli attori del dibattito. Magari molto autorevole, visto che è il produttore. O per altri non autorevole e negativa, visto che è parte in causa (e farà quindi tutto il lecito e l'illecito per convincerci a «comprare»). Ma solo una delle voci. E quindi, in una logica di dibattito, obbligata a usare la diplomazia e il convincimento, il dialogo e l'informazione per portare dalla propria parte degli alleati.

Si è passati così dalla logica pubblicitaria della conquista, del bombardamento a tappeto (che, attenzione, ancora porta risultati, e non disprezzabili) alla logica del portare influenza, dell'evangelizzare. Dalla logica delle audience di milioni di utenti alla logica del conquistarli uno per uno, in maniera diretta e personale – specialmente quando siano influencer e basti «convincerne uno per influenzarne mille».

4.9 I primi influencer sono quelli che ci amano già

Una delle cose «difficili» nelle relazioni con gli influencer (specialmente se sono già pressati da molti questuanti) è convincerli che ci meritiamo la loro attenzione e il loro aiuto per mettere in moto il passaparola. Certamente questo step sarà molto più semplice se le persone cui ci rivolgeremo sono già nostri fan, sostenitori che ci aiutano attraverso azioni di *user generated marketing*, cioè persone e clienti che, senza alcun mandato da parta nostra, iniziano a promuoverci, a comunicare a nostro favore, a volte addirittura a creare contenuti o a far sentire la propria voce in conversazioni per noi positive.

A questo proposito occorre far attenzione: si tratta infatti di una grande opportunità ma anche di un rischio. L'interpretazione del brand data da questi utenti, il loro modo di comunicarci può essere molto diversa dal nostro, può fare del bene ma anche danneggiarci, contribuendo a diffondere messaggi che confliggono con quelli «ufficiali» del brand.

Da leggere

> Per approfondire il tema dello user generated marketing, con le sue opportunità e rischi, si veda il mio post «User Generated Marketing: cos'è e riflessioni».

È dunque opportuno, in una fase iniziale del progetto, identificare quelli che sono gli influencer che spontaneamente ci supportano e, verificata la loro pertinenza con i nostri obiettivi e target, coinvolgerli per primi. A seguire, individuare influencer che, pur non essendo ancora nostri supporter, sono altamente interessati alla nostra tipologia di prodotto/azione/idea; che ne scrivano spesso o ne facciano il focus della loro attività. La vicinanza della nostra proposta con i loro interessi dovrebbe garantire quanto meno che i nostri stimoli siano considerati con attenzione.

Successivamente potremo cercare di coinvolgere gli influencer che nel corso di azioni precedenti hanno mostrato interesse e partecipazione, tenendo però presente che non tutti sono disposti a occuparsi continuamente di noi, specialmente se la nostra capacità di generare notizie è limitata; è perfettamente possibile che l'interesse di un blogger si esaurisca dopo il primo post su di noi e debba passare del tempo prima che ritenga opportuno citarci nuovamente. Infine potremo passare a blogger «nuovi» e a quelli che precedentemente ci hanno dato risposta negativa, cercando di capire i motivi del mancato interessamento e apportare alla nostra strategia gli adeguati correttivi.

Per identificare gli influencer che sono nostri fan e quelli che potrebbero diventarlo perché altamente interessati al nostro mondo di riferimento, ancora una volta entra in gioco il monitoraggio della rete. Svolta in modo costante, questa attività ci permette di identificare chi parla di noi, del nostro mercato, dei nostri competitor, su un proprio blog, nei forum, in una community, in gruppi di discussione, su Facebook e Twitter o su Google+; chi posta foto attinenti su Pinterest o Instagram e così via. Potremo identificare gli hashtag che ci si adattano bene e quelli che usano i nostri competitor, individuare le persone che li usano, analizzarle per capire se possono entrare a far parte del gruppo di persone che riteniamo influencer (anche se magari non sono formalmente dei blogger o dei nomi noti).

A un livello più alto, possiamo certamente dire che una persona realmente appassionata, entusiasta potrà risultare molto più motivata e credibile nell'esercitare la propria influenza sugli altri. Le conseguenze di questo ragionamento sono almeno due:

- è opportuno individuare chi più ci ama, tipicamente i clienti più soddisfatti e vocali, e abilitarli, stimolarli a parlare;
- quanto più alto sarà il numero di persone soddisfatte/convinte del nostro prodotto/servizio/idea tanto più sarà grande il numero delle persone che spontaneamente parleranno di noi e che creeranno influenza positiva.

4.9.1 *Il top di gamma degli influencer: evangelisti ed evangelism marketing*

Esiste una disciplina (un po' di nicchia) del marketing e della comunicazione definita *evangelism marketing*. In realtà è più un fenomeno osservabile che non uno strumento di facile utilizzo. *Wikipedia* alla voce dedicata lo descrive, in estrema sintesi, così:

> an advanced form of word of mouth marketing in which companies develop customers who believe so strongly in a particular product or service that they freely try to convince others to buy and use it. The customers become voluntary advocates, actively spreading the word on behalf of the company.

Nei fatti, avviene più spesso che certe marche e prodotti diventino (semi) spontaneamente delle icone, degli stili di vita, dei *game changer*, insomma quasi un oggetto di culto, una religione che gli evangelisti vanno in giro a predicare (in rete, ma anche al bar con gli amici). I fan della nostra marca sono tra gli utenti più vocali, fanno proseliti, aggregano seguaci, propagano commenti e notizie positive. Tendenzialmente senza chiedere nulla in cambio. Agiscono quindi da influencer di pregio, specialmente se competenti.

È evidente che utenti di questo genere rappresentano una grande risorsa, ma:

- non si possono creare dal nulla, occorre che la marca/prodotto abbia già dei fanatici, che abbia qualcosa di tanto speciale da poter rappresentare un punto focale della vita di alcune persone;
- si possono stimolare ma soprattutto si possono abilitare, dando loro strumenti, informazioni, materiali per facilitarli nella loro opera di proselitismo (sapendo che non potremo però mai controllare ciò che dicono, col rischio di derive eretiche nella religione della nostra marca);
- tendenzialmente fanatici ed evangelisti saranno sempre un gruppo poco numeroso, anche se spesso attivo e coinvolto.

In sostanza si tratta di un fenomeno da cavalcare, più che di una strategia da mettere in piano. Non si tratta di una strada né semplice, né economica, né rapida; non è una scorciatoia che può sostituire un piano intelligente e strategico di comunicazione integrata o la messa a punto di un marketing mix straordinario – anzi generalmente lo richiede come condizione necessaria ma non sufficiente.

Da leggere

Il guru dell'evangelism marketing è probabilmente Guy Kawasaki, una delle persone che hanno costruito il culto di Apple negli anni dello sviluppo dell'azienda e dei suoi prodotti, i cui scritti (libri, blog...) sono ottime introduzioni ai temi di questa disciplina. Si vedano:

- *How to Change the World. A practical blog for impractical people*: il blog di Guy Kawasaki;
- Sarah Shearman, «What I Do: Guy Kawasaki, the "evangelist marketer"», www.thehubcomms.com;
- Dorie Clark, «How to Turn Your Customers into Evangelists», www.forbes.com;
- Kiera Pedley, «Brand Evangelism», www.binkd.com.

Case history – Evangelisti al dettaglio

Un esempio di progetto di coinvolgimento delle persone in logica di evangelizzazione è quello di TOMS Shoes, raccontato su www.creativenoggin.com.

4.10 Con gli influencer si «lavora insieme»

Per un'organizzazione che ragiona in logiche strettamente pubblicitarie, la richiesta spontanea potrebbe essere quella di acquistare il lavoro dell'influencer, la sua recensione, così come si compra uno spazio pubblicitario. Anche se parte del mercato si sta in qualche modo evolvendo verso questa direzione – con la monetizzazione di certi blog per esempio in ambito beauty, fashion e travel –, a oggi la maggiore influenza passa ancora generalmente attraverso persone che non sono acquistabili. Di conseguenza, non avendo leve per forzare loro la mano, l'azienda non può spingere gli influencer a esagerare la realtà o a raccontarne una alternativa; se il nostro prodotto offre performance deludenti, per l'influencer sarà un serio errore parlarne bene, inducendo i propri lettori a fare cattive scelte.

4.10.1 *La differenza tra entrare in relazione e chiedere una «marchetta»*

Se l'influencer è una persona, entrare in relazione con lui significa costruire un rapporto tra persone. Non ci può essere un rapporto di collaborazione tra un essere umano e un'entità anonima; volenti o nolenti si innescano dinamiche relazionali tra l'influencer e le persone dell'azienda o dell'agenzia che entrano in contatto con lui. Difficile (e maleducato) chiedere un favore in forma asettica, con l'interlocutore trincerato dietro l'anonimato di un Ufficio Marketing e Comunicazione.

In termini più allargati, difficilmente un'operazione con gli influencer ha senso se vista come *one shot*. Considerati il tempo, la fatica, il lavoro necessario per individuare e arruolare al nostro fianco gli influencer, è poco intelligente ricominciare ogni volta da capo. Certo, oggi ci interessa lanciare il prodotto *X* e tutti i nostri sforzi devono essere focalizzati sull'obiettivo. Questo però non vuol dire rifiutare di pensare che domani dovremo lanciare un prodotto *Y* e che potrebbe di nuovo farci molto comodo poter contare sul supporto delle stesse persone. In ottica relazionale, ciò ha delle implicazioni; la prima è che se c'è una buona relazione fra le persone – basata non solo sulla costruzione di valore per entrambe le parti ma anche su rispetto, stima, curiosità, addirittura simpatia – le cose funzionano molto meglio. Il comunicato stampa inviato due volte l'anno e basta crea una relazione che non ci è favorevole, dimostra anzi che non siamo interessati a creare relazione. Farsi sentire solo nel momento del bisogno – e in quel momento essere molto «pragmatici» – setta immediatamente i binari di una relazione non affettiva, sia tra adulti consenzienti sia tra aziende, agenzie e blogger.

Ancora peggio il fatto che molte persone che cercano di relazionarsi con gli influencer (e specialmente con i blogger) conoscano poco quel mondo, le sue logiche, le sue culture, i suoi problemi. Anche se non è indispensabile, è utile per esempio che (come capita in certe agenzie) chi si relaziona con i blogger sia anch'esso un blogger. Si parla la stessa lingua, ci si capisce, si è simili, si lavora bene insieme. Tutte cose che costruiscono relazione positiva e rendono più semplice chiedere nel modo corretto all'influencer di considerare la nostra proposta, parlarne, magari costruirla insieme in modi ancora più efficaci di come azienda o agenzia l'avevano pensata.

4.10.2 *Costruire progetti pensati per il vantaggio reciproco*

Nel capitolo successivo parleremo più a fondo di quali siano le motivazioni, i motori della categoria di influencer più diffusa oggi, ovvero i blogger. Ma dobbiamo iniziare a mettere a fuoco il tema in un quadro più generale. Sostanzialmente prepararci a rispondere alla domanda più critica: perché un influencer dovrebbe darci retta, fare ciò che desideriamo, collaborare al nostro progetto?

La chiave di tutto deve sempre essere ricercata nel vantaggio reciproco. Attenzione: non si tratta, molte volte, di un vantaggio economico; ma ci deve essere un interesse (che può essere ideologico, di ego, di valore generato) che renda attraente l'adesione a una nostra proposta. Un influencer, nel darci un endorsement, nel pubblicare un contenuto positivo che ci riguarda, ci mette in qualche modo la faccia. Spesso svolge un vero e proprio lavoro, che gli costa un po' di tempo e un po' di fatica. Potrà farlo perché è un nostro fan, perché è già un nostro evangelista, innamorato della marca, convinto dell'importanza dei nostri prodotti. O perché la sua linea ideologica si sposa bene con la nostra – e magari gli stiamo dando altre frecce per il suo arco, per la battaglia o le tematiche che gli interessa portare avanti. Potrà ritenere che parlare di noi gli possa servire per ottenere credibilità e visibilità a sua volta. Su quest'ultimo tema occorre andare molto cauti: se nello scegliere l'influencer da coinvolgere teniamo conto (giustamente) della sua visibilità, potrà risultare che è più visibile lui di noi e sarà surreale (come talvolta capita) proporgli di fare veri e propri lavori non remunerati per noi in cambio di una supposta visibilità (inesistente) che gli potremmo dare.

Per un influencer avere informazioni di prima mano, essere invitato a una presentazione possono essere occasioni interessanti per sviluppare contenuti originali e interessanti per il proprio pubblico, per aumentare la propria reputazione e credibilità rispetto ai numerosi blog in qualche modo «concorrenti» che non hanno accesso a informazioni di prima mano (e che quindi dovranno copiare e rielaborare il content di chi alla presentazione c'è stato, o attingere a comunicati stampa, sviluppando in qualche maniera content di seconda mano).

È dunque evidente che si devono ricercare soluzioni *win-win*, più che chiedere favori, o attendersi che in virtù della nostra posizione di «primaria azienda» le persone siano disponibili a priori a mettere a disposizione la propria influenza.

4.10.3 *Mission critical: informarli*

Il punto cruciale è la capacità di far passare una corretta informazione agli influencer. Rendere facilmente comprensibile che cosa facciamo e che cosa desideriamo dicano di noi, quale storia vorremmo che raccontassero. Se questo in fondo è il senso di un'operazione con gli influencer (se non parlano di noi, se non raccontano la nostra storia, difficilmente potranno esercitare la propria influenza), bisogna tuttavia evitare di esigere e pretendere, chiedendo per esempio esplicitamente (o peggio ancora, facendo pressioni) di pubblicare con fedeltà letterale una nostra press release; questo significa negare il loro ruolo di persone pensanti, discriminanti, che selezionano i temi di cui parlare per trattarli sulla base della propria competenza. La press release con preghiera di pubblicazione (e basta) significa affermare esplicitamente che gli influencer contattati sono solo una sorta di passacarte della notizia, che *ovviamente* devono pubblicare i nostri contenuti in virtù della nostra forza e rilevanza come azienda, quasi fossero una macchinetta a gettone in cui si infila una press release e ne esce un post.

Si tratta invece di proporre un tema, una notizia; di dare spunti su cui scrivere – fornire il materiale e quindi le informazioni, necessarie. Del resto, per come si sono evolute le relazioni tra blogger e mondo delle aziende/organizzazioni è abbastanza evidente a tutti il gioco dei ruoli: se un'azienda contatta me blogger, ovviamente è perché desidera avere un mio contributo alla propria visibilità e reputazione.

L'informazione necessaria discende dal tema da trattare, dalla tipologia dell'influencer e di che cosa potrebbe fare per noi. Se è un blogger (e assicuriamoci che tratti il tema che ci interessa e che sia credibile e seguito in quel campo), avrà bisogno dell'informazione utile per scrivere un post ma evitiamo di sommergerlo con decine di pagine di dati e informazioni, magari tecniche, che non sono funzionali nel caso specifico. Se è una persona che esercita la propria influenza parlando in pubblico o intervenendo in comitati di decisione (e qui scivoliamo nel campo del lobbying, almeno in certa misura), l'informazione dovrà aiutarlo a compiere delle scelte, a formulare argomenti convincenti a sostegno di una visione che condivide con noi, pur non essendo uno di noi. E potrà ordinariamente essere più sintetico di noi, pur rimanendo a prova di attacco da parte di chi sia schierato contro.

4.11 Gli influencer sono pochi, i pretendenti sono tanti

Com'è naturale, operiamo in un mercato in cui aziende concorrenti agiscono sugli stessi target, associazioni comparabili richiedono finanziamenti alle stesse persone, partiti diversi chiedono il voto ai medesimi elettori. E di conseguenza comunicano, anche sul fronte delle PR digitali (in verità questo strumento è molto poco utilizzato sul fronte della politica), contattando i nostri stessi influencer e mettendoci così nella condizione non solo di dover competere per l'attenzione del destinatario finale ma di lavorare per guadagnarci prima di tutto l'attenzione dell'influencer.

Ancora una volta, ci troviamo costretti a un cambio di prospettiva rispetto alle tradizioni della pubblicità e a cercare di convincere intermediari della comunicazione a prestarsi a nostro favore.

A complicare ulteriormente lo scenario si aggiunga il fatto che un gran numero di soggetti (non solo i nostri competitor) sollecitano l'attenzione e la partecipazione degli stessi influencer che interessano a noi, e spesso lo fanno in modo inappropriato, «spammando» anche in modo maleducato e privo di cortesia – il che tende a predisporre negativamente gli influencer nei confronti di richieste provenienti da enti non ancora conosciuti, con cui non si siano già in relazione.

4.12 Un altro grande tema delle PR digitali: innescare influenza trasformando le persone in influencer

In maniera correlata possiamo allargare il discorso da un'ottica di influencer come «figura» a un'ottica di attività, talvolta quasi inconsapevole o comunque non meditata.

Finora abbiamo assegnato al termine influencer una personalità quasi da semi-professionista, da persona che sa di essere influente e che in un qualche modo lavora per mantenere e massimizzare questo status, la propria notorietà, la propria credibilità, un proprio ruolo. In realtà, la definizione di influencer non implica necessariamente che si tratti di una persona che fa questo «mestiere» sapendo di farlo. Del resto, quante volte siamo stati portati ad acquistare un prodotto, ad andare a vedere un film dal consiglio di un collega che mai si riconoscerebbe nell'appellativo di influencer? Un tema di dibattito interessante è quindi se sia possibile fare PR digitali andando direttamente a comunicare al «target», alle persone che vogliamo influenzare, senza passare attraverso intermediari.

Possiamo pensare a progetti che coinvolgano persone che non abbiano un blog, non gestiscano un forum, insomma che non abbiano un proprio spazio personale in rete – ma che abbiano un forte seguito sui social network, su Facebook o su Twitter. Ma anche in questo caso ricadiamo nella definizione più «formale» di influencer. Altro è invece se parliamo di persone che non hanno stabilmente un seguito di dimensioni cospicue, un accreditamento verso una base di follower. E lavorando per somma di molte persone, individualmente non troppo influenti, si riesca a costruire un effetto cumulato che abbia un impatto su reputazione e percezione.

4.12.1 *Quando le persone diventano influencer («informali»)*

Se ci siamo dati come regola di considerare un pilastro fondamentale delle PR digitali il fatto di riuscire a mobilitare influencer che esercitino a nostro favore la loro influenza sulle persone in cui sono in contatto, allora possiamo tranquillamente far rientrare negli influencer anche persone che non hanno un ruolo, una figura riconosciuta (per esempio non sono blogger) ma che si esprimono a nostro favore.

Certo, se facciamo schierare dalla nostra parte una persona che ha un numero medio di contatti ma non una credibilità particolare (che non sia cioè considerata un esperto), il suo effetto sul mercato non sarà molto forte. Se però riusciamo a coinvolgere molte persone con queste caratteristiche, l'effetto cumulato potrà essere apprezzabile.

D'altra parte, anche se non ha un blog o non è un giornalista, una persona «comune» può essere un buon influencer, a condizione che si sia creata un forte seguito sui social media, sia attiva nel comunicare, sia reputata esperta. Di conseguenza, nello spettro delle PR digitali possiamo far rientrare anche operazioni mirate a persone molto attive e credibili nell'ambito social o nelle community.

Va qui sottolineato che le tecniche delle PR digitali su questo tipo di target vanno a sovrapporsi in maniera molto forte con altre pratiche della comunicazione: *social media marketing*, *community marketing*, *viral marketing*, *sales promotion*, *member get a member*, *buzz*, *word of mouth*, *crowdsourcing*, *tribal marketing*... tutte discipline fortemente focalizzate sulle persone; al punto che è difficile definire dove inizia una e dove finisce l'altra – ma in fondo è più che altro una questione di classificazione che impatta poi poco sulla pratica. In realtà possiamo e dobbiamo pensare che le PR digitali, per riuscire nel loro intento, possono e devono ricorrere ad altri tipi di strumenti. A questo punto però, la trattazione del tema sarà per forza abbastanza sintetica, rimandando per l'approfondimento dei singoli altri temi (*in primis* i social media) a uno o più dei numerosissimi testi disponibili in libreria oppure online.

4.12.2 *Alcuni approcci classici per trasformare le persone in influencer*

Ciò che desideriamo è che «persone comuni» condividano e amplifichino il nostro messaggio, possibilmente aggiungendo un proprio endorsement. Vi sono molti modi di provarci (ma non esistono trucchi, metodi infallibili buoni per tutte le occasioni, scorciatoie: si richiedono sempre intelligenza, creatività e duro lavoro). Tra i metodi più comunemente impiegati, possiamo citare:

I fake

Sono quelle operazioni «finte» dove sostanzialmente andiamo a trarre in inganno il pubblico facendo credere loro una cosa che non è vera. Se lo facciamo per truffarle, ovviamente non è cosa da fare. Se invece lo vediamo come una sorta pesce d'aprile, uno scherzo bonario, un gioco da fare insieme, allora le cose cambiano. Giochiamo sulla sorpresa, lo stupore, il divertimento. Attiriamo (si spera) l'attenzione, superiamo barriere che bloccherebbero una pubblicità canonica, magari riusciamo a far ragionare su un tema, un problema, un bisogno. E soprattutto possiamo innescare un buzz, un passaparola in rete o alla macchinetta del caffè in ufficio, un «ma questo l'hai visto?». Con una seconda ondata di passaparola nel momento del *reveal*, quando si scoprono le carte e si racconta la verità, si svela il mandante, si spiega il gioco. E in queste due fasi ad agire sono le persone, per esempio gli utenti del social media, che condividono immagini e filmati, commentano, segnalano ad amici. E diffondono in giro la propria influenza in modo (scusate la battuta) virale.

Sono tipologie di azioni non facili da fare, che richiedono molta creatività e intelligenza strategica per essere interessanti e divertenti, ma anche un certo pragmatismo per non avvitarsi in operazioni troppo intellettuali e difficili da comprendere da parte del target. La costruzione di fake può passare dalla pubblicità, supportata dai social media, amplificata verso blogger e giornalisti, via YouTube... più è completa l'operazione (e più budget ci possiamo dedicare) più è probabile che funzioni. Quello del successo guerrigliero low budget è purtroppo abbastanza un mito: mediamente vige la regola «minima spesa pochissima resa».

Case history – Trasformare l'acqua in vino, a fin di bene

Un buon esempio di fake sviluppato per attirare attenzione e generare coinvolgimento, superando le barriere del disinteresse, è quello che ha visto il lancio di un apparato in grado di trasformare l'acqua in vino. Salvo poi scoprire che si trattava di un'operazione a supporto di un ente non profit che si occupa di portare acqua potabile alle popolazioni che non ne dispongono.
Si veda il mio post «Grandi: il fake dell'acqua trasformata in vino... a fin di bene».

Operazioni virali

Anche se non sono del tutto d'accordo che «i viral non si costruiscono, accadono», sono assolutamente convinto che non esistano regole, trucchi e procedure per far diventare virale un contenuto. C'è sempre una certa dose di fortuna (perché i gusti e le reazioni delle persone sono spesso imprevedibili). La pratica insegna che non è facile per le aziende realizzare contenuti che possano avere buone possibilità per essere virali: per riuscirci bisogna essere sopra le righe, inconsueti, sorprendenti. Ciò spesso si ottiene con la trasgressione, con l'esagerazione... cose che le marche possono trovare inappropriate se associate al proprio brand. E quindi capita che richiedano un filmato virale che però non irriti nessuno e sia inappuntabilmente all'interno della piattaforma di marca e dei suoi stili di comunicazione.

Ma se riusciamo a costruire un contenuto virale, l'esercizio dell'influenza avverrà in rete a livelli talvolta sorprendenti. Qui il problema può essere che diventi virale il messaggio, ma non il suo contenuto. Che tutti si ricordino il filmato ma nessuno la marca che c'era dietro. Che si sparga in rete l'ondata virale ma che non venga colto il messaggio che vogliamo dare. In sostanza, che il messaggio abbia successo ma non influenzi minimamente il nostro business, non ci avvicini ai nostri obiettivi – quasi fosse una forma d'arte fine a sé stessa e non una comunicazione commerciale.

Attenzione comunque che generare passaparola non è la stessa cosa che «essere virali». Virale vuol dire passare avanti, con accelerazione rapida, un messaggio, un contenuto – senza necessariamente aggiungervi valore. Il passaparola che ci interessa è quello in cui io ricevo un contenuto da una persona di cui mi fido e lo diffondo sul mio network aggiungendo qualcosa di mio, come minimo un endorsement. Sono stato toccato da un influencer e divento influente a mia volta. E ho propagato in rete il messaggio aumentandone il valore. Quindi, volendo essere accademici, il passaparola ricade appieno nell'ambito delle PR digitali, il viral un po' meno.

Più in generale, possiamo parlare di operazioni di *buzz marketing*, tema molto sovrapposto alle PR digitali e al viral marketing; un approccio teso a «far parlare di», a innescare il passaparola, pensando anche a operazioni che abbiano un impatto forte sulle persone, direttamente, senza passare per gli influencer. Possiamo pensare ad attività che costruiscano un forte impatto su chi le vede, dei *PR stunt*, con il problema però che queste operazioni sono più facili nel mondo reale – e qui entra in ballo per esempio il *guerilla marketing* – e che in genere in questo modo riusciamo a raggiungere direttamente un numero relativamente basso di persone e quindi l'effetto può essere troppo limitato e i costi molto alti in relazione ai risultati se non si innesca l'amplificazione mediatica e in rete.

Operazioni per un bene comune

Sotto questa vaga etichetta possiamo catalogare iniziative utili che coinvolgano le persone e diano vantaggio a tutte, a una parte, ad alcune di loro. Operazioni in cui la gente vede una cosa bella che dà vantaggio, che fa «del bene», e per questo spontaneamente la condivide con altri affinché tutti possano goderne. Se quindi riusciamo a produrre iniziative che diano un reale vantaggio alle persone, che abbiano una valenza etica o anche solo pratica, sarà più facile ottenere che il contenuto sia ridiffuso e accompagnato da endorsement, commenti, inviti a partecipare.

Possiamo aggregare persone dentro un qualche tipo di «crociata», fare una raccolta fondi, promuovere un'iniziativa a supporto di categorie vulnerabili o per identificare giovani meritevoli di borse di studio. Possiamo volare alti su temi quali il futuro e il progresso della nazione o molto rasoterra cercando di aiutare una singola persona in difficoltà. Sempre però cercando di mobilitare le persone senza strumentalizzarle, evitando un approccio non autentico, con l'obiettivo di ottenere non solo la loro partecipazione alla causa ma anche un impatto sulla percezione della nostra marca e dei nostri valori.

In questo caso può entrare in gioco il senso di appartenenza a un movimento, a una comunità di persone tesa verso un obiettivo. Sentirsi parte di un gruppo renderà possibile il compimento di un'impresa, potrà permettere di dare il nostro contributo a uno sconosciuto perché realizzi il suo sogno (iniziative di crowdfunding come quelle condotte su piattaforme come Kickstarter, Indiegogo o Kiva fanno leva proprio su questi aspetti).

Questo tipo di azioni possono però essere condotte anche a un livello più basso, meno eticamente nobile, semplicemente per fare qualcosa di interessante, partecipare a un'iniziativa divertente, che costruisca collettivamente qualcosa di piacevole. In questi casi la chiave del successo è evitare di focalizzarsi su un'attività che generi un valore per noi (disegna un prodotto, una campagna, dai un'idea, aiutami a...) e non dia nulla in cambio alle persone coinvolte (si chiama lavoro non remunerato, e la gente l'ha capito). Occorre invece ragionare sempre su quale sia il valore che diamo in cambio, quale sia il beneficio (tipicamente emotivo) che ne trarranno le persone e che le motiverà a partecipare: può essere appunto il divertimento, la soddisfazione di aver partecipato a un'impresa con il proprio granellino di sabbia. E il processo, nonché il raggiungimento dell'obiettivo possono (anzi, dovrebbero) essere notiziabili, spunti per costruire una comunicazione e diffonderla in rete.

Un pensiero in più

La tecnologia viene sempre più in soccorso alle operazioni di mobilitazione dell'opinione pubblica in rete. Un esempio interessante è quello di Thunderclap, una piattaforma che permette (se le persone ci stanno) di scatenare un forte rumore di comunicazione, attraverso la pubblicazione di numerosissimi tweet o post in contemporanea.

Operazioni per il proprio interesse

Possiamo pensare poi a operazioni che facciano leva su una certa avidità: possiamo per esempio condizionare la partecipazione a un concorso, riservandola a chi supporta la nostra marca o viralizzi il concorso sui propri amici, a chi sviluppi un contenuto che promuova il nostro prodotto o pubblichi un tweet che informi i suoi contatti della nostra attività. Si tratta in tutti questi casi di promozioni e concorsi pensati per forzare la mano e arruolare i conoscenti, in una logica di *member get a member*, di *social spread* poco spontaneo.

Operazioni per il proprio ego e user generated content

L'ego e il riconoscimento del proprio valore da parte degli altri sono molle potenti. Così come è lo schierarsi a favore di una causa ma anche il poter dire la propria. Offrire quindi alle persone un palcoscenico sotto i riflettori può costituire un'interessante opportunità di comunicazione. Permettere loro di esibirsi, di dimostrare qualcosa nel grande teatro della rete (tipicamente sui social media o in siti appositi) vuol dire far leva su forme di narcisismo digitale.

Un esempio tipico è quello della richiesta di *user generated content*: foto, video, testi vengono prodotti dagli utenti all'interno di parametri predefiniti e poi valutati e premiati (in alcuni casi la semplice pubblicazione in sé è già considerata un premio sufficiente). Se c'è un concorso con tanto di premio ricadiamo nella casistica di cui al punto precedente, dove a fare da molla è appunto l'avidità del premio. Nei casi in cui invece non ci sia un qualche tipo di rewarding concreto:

- la qualità del contenuto può essere molto bassa; le persone comuni non sono «artisti» o professionisti della scrittura o della fotografia; naturalmente la cosa cambia se restringiamo la partecipazione a persone capaci, per esempio fotoamatori;
- la qualità del contenuto dipende anche dal brief dato: chiedere ricette produce ricette, chiedere foto o racconti che illustrino il ruolo del nostro prodotto nella vita del partecipante produce in genere brutte pubblicità fatte male;
- se la qualità dei contenuti è bassa, non ci sarà *engagement* e non ci sarà condivisione, quindi non verrà esercitata quell'influenza diffusa, quel passaparola che potrebbe servirci molto;
- le persone sembrano essersi un po' stancate di generare contenuti a comando, e (personalmente) vedo segnali di disinteresse verso operazioni

complesse, che richiedano troppo sforzo. Se, prendendo come esempio parallelo quello di una ricerca di mercato, chiediamo di cliccare e scegliere fra tre opzioni in un sondaggio, avremo molti più risultati che se chiederemo di scrivere un breve testo che racconti le preferenze di consumo di una persona;
- quanto più l'operazione viene fatta per ottenere un vantaggio personale, tanto meno crea relazione con la marca. In sostanza le persone non lo fanno per noi, lo fanno per sé stesse;
- se invece coinvolgiamo persone che ci amano, dei (veri) fan, degli entusiasti degli appassionati di noi o del nostro mondo, allora andremo a toccare aspetti emotivi forti e forse daremo il via a fiumi di narrazione.

Case history – Fotografa (bene) i piatti che ti serviamo

Un esempio minimalista (ma furbo) di abilitazione delle persone e di facilitazione della condivisione è fornito dal ristorante che mette a disposizione dei clienti una «macchina» che garantisce la massima resa alle inevitabili fotografie scattate ai piatti serviti. Su questo si veda il mio post «FoodBlogger: foto perfette al ristorante, con la Dinnercam: PR Stunt in Sud Africa».

Far leva sull'amore per noi

Riprendiamo il tema «i migliori influencer sono quelli che ci amano già» ed estendiamolo dagli influencer «formali» alle persone «comuni». Tradotto nella pratica: avere una marca, un prodotto che diventano iconici o che, quantomeno, generano emozione, fedeltà, senso di appartenenza negli utenti; che stimolano un desiderio di evangelizzare gli altri, di diventare predicatori; che innescano lo *user generated marketing*.

Se quindi abbiamo «fan» che non vedono l'ora di parlare di noi, riflettiamo su alcuni temi:

- è opportuno guidarli: senza essere direttivi, didascalici, senza incrinare il rapporto affettivo, è necessario orientare le persone affinché non diffondano messaggi distonici con ciò che siamo, che abbiamo comunicato e vogliamo comunicare... con ciò che in fondo ci ha fatto amare e ha fatto venire loro voglia di aiutarci ad avere ancora più successo;
- la dimensione affettiva è fondamentale;
- la relazione è tutto; e per relazione non si intende qualcosa di vago e relegato alla dimensione del branding. Quando si è in una relazione con una persona che ci ama, non possiamo sostenere questo amore se

non restiamo in contatto, ci manifestiamo spesso, in modo personale, ci interessiamo a come sta e a che cosa pensa l'altro, teniamo conto (visibilmente) dei suoi input, lo ringraziamo, comunichiamo che ricambiamo il sentimento...

L'appassionato, l'innamorato è la figura più autentica di influencer. E se anche la sua professione d'amore, vista da fuori, ci potrà sembrare incongrua, ridicola, nel contesto della sua tribù di appassionati potrà risultare appropriata ed encomiabile. Di qui il forte potenziale del pensare (strategicamente, in un'ottica di lungo periodo) a moltiplicare il numero di clienti soddisfatti e felici, stimolando un rapporto affettivo. Così facendo, avremo tra l'altro costruito una squadra di persone pronte a schierarsi al nostro fianco, a supportarci in occasione di eventuali crisi.

Non è peraltro una strategia alla portata di tutte le marche/organizzazioni; al di là del lavoro e dell'intelligenza richiesti, occorre che ci sia alla base il potenziale perché la marca diventi fortemente coinvolgente dal punto di vista emotivo.

Se abbiamo la fortuna di avere fan che ci adorano, non possiamo comunque sperare di mantenere questa dinamica relazionale se ci limitiamo a prendere senza dare. Troppo spesso ci dimentichiamo di ringraziare. O di premiare, in modo tangibile o intangibile, il valore che ci è stato generato: attraverso un regalo, una sorpresa; citandolo; rendendo visibile (a lui e a tutto il pubblico) che vediamo e apprezziamo il suo comportamento; esplicitando il fatto che, se noi siamo nella sua sfera emotiva, anche lui in qualche modo è nella nostra – cosa che può essere fortemente gratificante –, per costruire così un rapporto collaborativo di lunga durata.

Da leggere

Per approfondire i meccanismi con cui incentivare fedeltà, proselitismo, collaborazione con le persone, può essere utile leggere il contributo di Pam Moore, «Communities Create Markets: 13 Tips To Build Loyal Tribes of Brand Evangelists», www.pammarketingnut.com.

Generare case history basate sui fan

Un'altra metodologia ampiamente sfruttata in pubblicità è quella di prendere un «cliente medio» e farlo diventare star della nostra comunicazione, facendogli raccontare le sue esperienze con i nostri prodotti. Con la differenza, rispetto alla pubblicità, che oggi abbiamo a disposizione mezzi digitali praticamente privi di confini di spazio e di tempo, dove quindi possiamo realizzare filmati esaustivi o pubblicare lunghi testi che raccontino in dettaglio l'esperienza attesa dal nostro prodotto (col pericolo, da cui guardarsi, di superare il limite dell'interesse e sfociare nell'*overkill*).

La possibilità per le persone di raccontare all'azienda (e alle altre persone) la propria esperienza può essere gratificante e stimolare la partecipazione, innescare la conversazione e trasformare così, ancora una volta, «la gente» in influencer.

Case history – Toyota raccontata dai suoi driver

Toyota, per far conoscere meglio i propri veicoli ibridi, ha chiesto ai proprietari di queste vetture di offrirsi come volontari per far provare la propria macchina a perfetti sconosciuti interessati a faci un giro. La storia è raccontata nel post «Test my Hybrid» su www.digitalbuzzblog.com.

Creazione e distribuzione di contenuto di valore

Un esempio tipico di operazioni mirate direttamente alle persone è costituito dalla generazione e distribuzione di contenuti di valore. Siamo in un'area tipica del marketing B2B (Business-to-Business) in cui l'azienda investe per sviluppare white papers, presentazioni, tutorial, ricerche: materiale di pregio per in/formare il proprio pubblico potenziale. Invece che cercare di diffondere materiale pubblicitario sui computer prodotti dalla propria azienda, si pubblica un manuale su come scegliere un computer e proteggerlo dai virus. Invece che promuovere i servizi offerti dalla propria agenzia, si pubblica una ricerca sull'evoluzione del comportamento delle persone.

Questo tipo di azioni in realtà sono un po' un'eccezione alla regola che ci siamo dati – ovvero di far rientrare nelle PR digitali azioni che coinvolgano influencer; perché qui andiamo a colpire direttamente il «target finale». Ma dato che ogni regola ha la sua eccezione, eviterei le discussioni accademiche e mi concentrerei sull'operatività.

Con la distribuzione di contenuti di valore si raggiungono diversi obiettivi;

- si offre servizio, si regala valore. Che le persone, diciamocelo, in grande percentuale useranno dimenticandosi immediatamente di noi. Ma dato che il costo di distribuzione online è tendenzialmente nullo, queste inefficienze e dispersioni non rappresentano un aggravio dei costi o una riduzione di efficienza. Regalare valore è dal punto di vista relazionale una bella cosa;

- si dimostra competenza, leadership. Facciamo vedere che siamo diversi, più smart, più competenti degli altri (spesso, specialmente se operiamo nel campo dei servizi, è difficile veicolare una *meaningful difference*: visti da fuori siamo un po' tutti uguali);
- si alimenta il database con operazioni di *lead generation*. Ricordiamoci che un'operazione di comunicazione di successo difficilmente si può basare su un unico strumento, che usare in maniera integrata e complementare più strumenti amplifica i risultati, che la comunicazione è al servizio del business e, alla fin fine, anche delle vendite. Per cui se le PR alimentano il database che alimenta il direct marketing che alimenta le vendite, abbiamo portato risultati concreti e misurabili, non solo di generico branding.

Regalare servizio

In maniera correlata, possiamo pensare di regalare non contenuto ma servizio; così come ha fatto Dropbox che regala spazio agli utenti (incentivandoli però al *member get a member*), possiamo pensare di aiutare i nostri utenti/clienti offrendo loro servizi di pregio, magari senza chiedere nulla in cambio. Una classica operazione di branding, di comunicazione di marca. Che però, da sola, non riesce probabilmente a spostare la percezione – anche perché si può equivocare un atto di generosità (ti regalo l'antivirus per un anno) con una *feature* di prodotto (l'antivirus è incluso).

Case history – Non temiamo il mix & match: morire su Games of Thrones

È certamente poi possibile mescolare questi macro-temi per costruire operazioni più complesse. Un buon esempio è quello teso a permettere a due persone di morire all'interno di un libro della fortunata serie *Games of Thrones*.

Allo scopo di raccogliere fondi per iniziative benefiche, l'autore di *Games of Thrones* ha messo a disposizione due ruoli all'interno di un suo libro. Dietro il pagamento di 20.000 sterline, due persone ottengono l'opportunità di diventare personaggi all'interno della storia – naturalmente personaggi ingombranti in quanto fuori contesto, difficili da trattare – e quindi fatti rapidamente morire, ma (promette l'autore) è garantita loro una morte truculenta e indimenticabile.

Un'operazione come questa fa leva sul senso di partecipazione a un'iniziativa benefica, sulla possibilità di trovarsi sotto i riflettori, di essere protagonista, di godere 15 secondi di celebrità di cui poter parlare con i propri amici; di poter essere parte di un mito (si suppone che per quella cifra si siano scomodati solo i veri e propri fan) non da spettatore ma da attore. Di lasciare insomma un segno personale nella storia. A tutto ciò si aggiunge l'effetto sorpresa di un'operazione inconsueta e di «premio» molto particolare, capace di scatenare un vero e proprio effetto virale di condivisione. Per approfondire, si veda il mio post «Offertona: muori su Games of Thrones per 20.000 £. Marketing Stunt, charity».

4.12.3 *Lavorare con le community*

Questo tema, ancora una volta, si sovrappone fortemente alle pratiche del *community marketing* e più in generale del social media marketing, per cui raccomando di approfondirlo, nelle sue specificità, con un'esplorazione verticale di siti e libri a esso dedicati. Ci sono però dieci indicazioni di massima che mi sembrano particolarmente interessanti, da usare come base per esplorare il tema dell'uso delle community nelle PR digitali:

- *le community aggregano un target ad alto potenziale*: che si tratti di appassionati della marca, di fan di uno sport, di smanettoni di una certa tecnologia, di hobbisti o collezionisti, dentro la community normalmente troviamo un pubblico ad alta propensione all'acquisto (o al voto, all'adesione alla nostra idea..);
- *le community non sono casa nostra*: sono luoghi dove le persone si ritrovano per parlare di ciò che amano e che interessa loro. Per scambiarsi idee, suggerimenti, esperienze. Ovviamente, per parlare di prodotti (o di idee, ideologie, personaggi…). Dove quindi la nostra marca, il nostro prodotto possono essere protagonisti, a condizione che noi non entriamo rozzamente nella community. Perché quella è casa loro, luogo in cui vogliono parlare liberamente e senza venditori che sfondino la porta;
- *l'azienda può essere una delle voci che contribuiscono alla discussione*? Sì, se dà valore (informazioni di prima mano, *leaks*, approfondimenti); se a parlare non è l'azienda, come figura impersonale, ma una persona dell'azienda, che conversa con altre persone; se non pretende di essere protagonista o la voce preferita. Insomma, se si comporta bene e dà servizio alla community, invece che cercare di sfruttarla platealmente;
- *serve più ascoltare che parlare*: la community può essere un luogo dove

esperti e appassionati forniscono un loro parere specialistico, esprimono un'opinione senza remore, su di noi, sul mercato, sui loro problemi, sogni e desideri: tutti input preziosi per il nostro marketing;

- *se parliamo, dobbiamo ascoltare*: se ci esponiamo, se partecipiamo, è inevitabile che, sfruttando l'occasione di un contatto diretto con l'azienda, le persone si sfogheranno, si lamenteranno, segnaleranno disservizi; ma altrettanto probabile è che ci chiederanno modifiche ai prodotti o nuove versioni, ci daranno suggerimenti o ci attaccheranno per le nostre scelte. Se chiediamo loro un'opinione poi dobbiamo far vedere che non è stata una bieca mossa di marketing, ma che qualcosa poi ci facciamo, sulla scorta del loro input. Che ascoltiamo, che riconosciamo loro un ruolo, che agiamo sulla base di quello che ci hanno detto. E così facendo rafforziamo la nostra reputazione;
- *evitiamo di volere attenzione a tutti i costi*: less is more, spesso. Non esistiamo solo noi. I membri della community hanno altro di cui parlare. Cercare attenzione, sempre, tutti i giorni, a tutti i costi, in una logica pubblicitaria di numero di impression, di quanto abbiamo coperto, di quanti abbiamo contattato non è utile. A noi serve di più la qualità del contatto, dell'impressione. E serve molto di più che non ci sbattano fuori dalla community perché abbiamo esagerato e siamo diventati fastidiosi, cosa che significherebbe vederci chiuso il canale, perderci la faccia, patire un danno di reputazione su un pubblico importante che lo racconta poi in giro;
- *mettiamoci nei loro panni*: un product manager o un addetto ai lavori della comunicazione spesso vedono il mondo da una prospettiva distorta. Il nostro prodotto può anche essere la mission della nostra vita, ma sicuramente non lo è per le persone là fuori. Le nostre priorità sono diverse dalle loro. La nostra vita è diversa. Occorrono buon senso e capacità di capire le persone con cui vogliamo parlare;
- *i community leader sono influencer*: come tali, possono essere tra le persone che contattiamo per informarle, motivarle, interessarle. Ma con cui anche (specialmente se sono gli owner della community) si possono cercare accordi di sponsorizzazione, di collaborazione, di coinvolgimento della community in attività online (per esempio crowdsourcing, beta testing) oppure offline (per esempio raduni monomarca di auto e moto). Ancora una volta non pensando di usarli ma di lavorarci insieme. Magari assumendoli in azienda (è capitato) o dando loro un ruolo formale, di consulenza, supporto, gestione di uno specifico progetto, o anche di community manager per i nostri canali social;

- *lavorare con community esistenti o crearne una nostra?* Tema molto complesso, su cui le opinioni divergono. Da un lato è vero che una community proprietaria assicura una maggiore possibilità di controllo e ci permette di raccogliere più facilmente dati e fare lead generation. Dall'altro, la startup di una nuova community è un processo spesso lungo, complesso e costoso, specialmente se esistono già valide community alternative. Attenzione quindi a valutare correttamente costi/benefici prima di fare una scelta;
- *in quali community entrare? Come trovarle?* Qui vale lo stesso discorso fatto per gli influencer. Dovremmo innanzitutto partire conoscendo le community di riferimento per il nostro mercato/marca/prodotto: le pagine Facebook o Google Plus che ne parlano, i gruppi LinkedIn sul tema. Se non le conosciamo dobbiamo assolutamente individuarle e seguirle. Le possiamo trovare con Google, con il passaparola, chiedendo agli esperti che conosciamo, chiedendolo ai clienti, chiedendo in giro. E se ne troviamo molte, dobbiamo fare la fatica di selezionare, individuare e coccolare solo quelle davvero rilevanti. Se necessario facendoci aiutare da un'agenzia o da un consulente che abbia le capacità e il tempo che a noi mancano.

Da leggere

Sul tema della costruzione di una community, qualche spunto interessante è fornito da Alex Manthei, «5 Methods and 15 Tools to Find Your Audience and Build a Community», blog.bufferapp.com.

5 Collaborare con i blogger

5.1 Blog e tipologie

Diamo per scontato che si sappia che cos'è un blog. Se non è così, inutile proseguire la lettura – è come descrivere il mare a uno che non l'ha mai visto. In questo caso, il consiglio è di passare un paio di settimane a guardarsi quanti più blog possibile, per poi tornare a leggere queste pagine e dare un senso sistematico a ciò che si è sperimentato di persona.

I blog sono una diffusissima forma di pubblicazione snella, a volte sintetica, a volte molto approfondita. A volte informale, a volte più formale. Ma tecnologicamente e operativamente molto più facile da mantenere e aggiornare di un sito web, e di fruizione più semplice e accessibile. Negli anni i blog si sono differenziati in varie categorie e si sono moltiplicati a dismisura. Restringendo la trattazione dell'argomento agli ambiti che più ci possono interessare sul fronte delle PR digitali, possiamo raggruppare i blog esistenti in alcune categorie principali (classificazione che non è sicuramente esaustiva, anche se adeguata per i nostri scopi):

- i *blog di passione personale*: sono quelli in cui un individuo, normalmente senza fini e aspettative di lucro, racconta al pubblico (che cerca di attrarre sulle sue pagine) contenuti sviluppati attorno a uno o più temi che lo coinvolgono personalmente. La passione personale è un motore potente – che può portare a dedicare molto tempo, intelligenza e impegno nella propria opera. Con il risultato che molti blog, per la qualità dei loro contenuti, sono diventati punti di riferimento del mercato;
- i *blog semi-professionali*: al di là di inserire un po' di pubblicità (che, nella stragrande maggioranza dei casi, porta pochi euro di fatturato all'anno) si può provare a usare il blog personale per dimostrare le proprie competenze professionali. Un'appassionata di design potrà espor-

re i propri progetti, sperando di trovare qualcuno che la ingaggi; chi disegna bigiotteria racconterà le proprie creazioni sperando di trovare acquirenti; un appassionato di videogames potrà aprire un blog di recensioni e consigli sperando di avere giochi gratis (in prova) e magari collaborare con i produttori. In un'ottica più allargata, capita anche che si usi il proprio blog per diventare un/una influencer – cercando di avere successo per poi vendere i propri servizi (i contenuti editoriali sul blog o servizi di consulenza) alle aziende del settore, monetizzando il proprio sforzo o almeno entrando in una cerchia di blogger più o meno «top» che hanno accesso a esperienze non aperte al pubblico comune;

- i *blog e* i *blogger professionali*: se intendiamo persone per le quali una parte non trascurabile del reddito sia generato da attività legate al proprio blog, in Italia non esistono, se non in misura molto ridotta; nel mondo possiamo contare un certo numero di persone che riescono a vivere di blog, anche se è molto più frequente che sia l'attività di blogger più che il blog stesso a portare reddito. Più nello specifico, capita per esempio che a blogger di viaggi venga commissionato (e remunerato) lo sviluppo di contenuti o di reportage (cosa non nuova ma che una volta si faceva coinvolgendo magari dei giornalisti) che saranno pubblicati sul blog dell'azienda committente, sul suo sito o in altri spazi ancora;
- i *blog collettivi* non a fini di lucro in cui più autori lavorano insieme intorno a uno stesso tema, linea editoriale, idea;
- i *blog* «m*agazine*»: sono dei veri e propri media, una forma moderna di magazine o riviste, online. Tendenzialmente sono operazioni commerciali che mirano a vendere pubblicità o a farsi pagare per sviluppare e pubblicare contenuti editoriali;
- i *blog aziendali*: espressione della vita, delle idee, delle attività dell'azienda. Possono essere tenuti in forma «anonima» (in questo caso l'azienda parla impersonalmente) oppure da un collettivo di dipendenti che si firmano o da un personaggio dell'azienda (per esempio l'amministratore delegato, cosa che semplifica grandemente il problema delle approvazioni; ovviamente in alcuni casi è proprio lui a scrivere i testi, in altri è supportato da una redazione). Da notare che il blog è normalmente percepito come una forma di comunicazione più informale rispetto per esempio a un sito aziendale: permette processi produttivi e di pubblicazione più facili, più rapidi, meno costosi e con minori implicazioni sull'organizzazione aziendale. Esistono poi blog «interni» a esclusivo uso di persone dell'azienda, spesso con funzioni di comunicazione interna o di organizzazione di progetti;

- i *blog di prodotto*, focalizzati sulla vita e le attività che lo riguardano, i suoi aspetti tecnologici, aggiornamenti, discussioni tecniche sul suo uso, miglioramenti possibili, risoluzione di problemi ecc.
- i blog *a supporto di una causa o iniziativa* che il blog documenta, promuove, racconta;
- i *blog di enti e associazioni, scuole, partiti* che raccontano i progetti, la vita quotidiana, informano e motivano gli aderenti, illustrano l'essenza dell'ente ai potenziali aderenti;
- i *blog delle testate*: molte testate (tra cui i più grandi quotidiani) hanno sviluppato veri e propri blog, in cui tipicamente i giornalisti possono pubblicare contenuti addizionali e diversi rispetto a quelli editi sul giornale. Possono in larga misura essere considerati come una fonte addizionale di revenue pubblicitaria, ampliando gli spazi/contenuti pubblicati, ma anche come un modo per permettere una comunicazione diversa tra testata, giornalisti/contributo e pubblico.

5.2 A che cosa può servirci coinvolgere blog e blogger nel nostro progetto di comunicazione

Vediamo ora alcune delle principali aree di intervento in cui il coinvolgimento di un blogger può recare un apporto positivo alle nostre attività di comunicazione.

5.2.1 *Costruire awareness su prodotti, marche, attività*

Attraverso il racconto di una prova prodotto o di un'esperienza vissuta, attraverso l'espressione di un'opinione personale, i lettori del blog vengono esposti a un'informazione nuova oppure, se già sono a conoscenza di ciò di cui si parla, ottengono maggiori dettagli. Naturalmente, data l'ampiezza media di audience dei blog, la dimensione quantitativa dell'awareness ottenibile non è paragonabile a quella procurata per esempio dall'advertising: la qualità di questa awareness, la maggiore profondità del messaggio ricevuto rappresentano tuttavia un fattore compensativo notevole. Qui non si tratta tanto di far sapere a delle persone che esiste un prodotto. Si tratta di portarle subito più avanti nel processo d'acquisto, si tratta di costruire stimoli positivi che rendano il prodotto immediatamente desiderabile e desiderato.

5.2.2 *Mettere a fuoco una percezione o spostarla*

Tipicamente raccontare la propria esperienza personale, di prima mano, o esprimere una propria opinione da «leader» significa mettere sul piatto argomenti capaci di innescare nel lettore processi di riflessione. Se per esempio chi legge ha del prodotto una percezione negativa o crede in certi falsi miti, un tester credibile o un opinionista affidabile, che raccontino «la storia vera», possono far vedere l'altra faccia della medaglia e contribuire con forza a far cambiare idea al target, a generare maggiore fiducia, a rassicurare la decisione di acquisto.

5.2.3 *Costruire un luogo dove approfondire un'informazione*

In maniera collegata, un blog può essere un buon luogo a cui indirizzare un potenziale cliente (o aderente o simpatizzante) per capirne e saperne di più. In una logica in cui, per esempio, il contatto iniziale avviene attraverso la pubblicità, i social media, il passaparola... (tutti strumenti che costruiscono *awareness*, ma attraverso i quali non è possibile fare un grande approfondimento); si prosegue la costruzione di informazione e relazione portando i potenziali clienti sul blog; si costruisce quindi un percorso di approfondimento che permetta alle persone di andare via via a capire di più, a formarsi un'opinione. E, soprattutto, si lasciano in Rete contenuti che potranno lavorare per lungo tempo – intercettando nuovi possibili clienti in cerca di chiarimenti, opinioni, pareri su prodotti che vorranno comprare, su cause che vorranno sposare.

5.2.4 *Costruire un luogo dove raccontare una storia*

In questi ultimi anni lo storytelling (cioè la comunicazione attraverso il racconto di storie) è diventato un approccio piuttosto di moda. Sicuramente, dove appropriato, è uno strumento potente, che funziona e coinvolge. È una forma di narrazione, e la cultura e l'entertainment umano si sono da sempre basati in gran parte sul raccontare storie. È un metodo molto efficace per sviluppare materiali di comunicazione quando in merito al prodotto non c'è molto o nulla da dire: ci si impadronisce allora di mondi affini, di emozioni correlate per raccontare storie che coinvolgano l'audience.

Non è però la soluzione a tutti i mali, non è un approccio utilizzabile in tutte le situazioni e per tutti i committenti. A volte il brand non è in grado di supportare storie, altre volte il target, che da noi cerca performance, economia o altri aspetti fortemente razionali, non è interessato alle storie.

Case history – L'efficacia delle storie raccontate attraverso i blog

Un blog può essere un'ottima piattaforma in cui raccontare una storia, condividere immagini, video, testi.
Un caso stimolante è lo storytelling costruito attraverso Twitter per raccogliere audience intorno a un film indipendente *Saving Lincoln* finanziato su Kickstarter. Il racconto dell'esperienza, «"Saving Lincoln" Case Study: Storytelling with Hootsuite», è disponibile su www.slideshare.net.
Michelle McGinnis propone infine « 5 B2B Brands That "Get" Storytelling» su *Modern Marketing Blog* (blog.eloqua.com).

5.2.5 *Fare / dare trasparenza*

Specialmente se il blog è emanazione diretta di un'azienda, può essere un ottimo luogo dove raccontare, in forma efficace e pratica, storie che riguardano la propria attività, la propria visione, dare news, discutere temi anche scottanti, svelare dei «dietro le quinte»: in sostanza aprire maggiormente l'azienda agli occhi del pubblico. E, allo stesso tempo, darle una voce, offrirle la possibilità di far capire qual è la sua posizione, in che cosa crede e come agisce nella pratica quotidiana.

5.2.6 *Dimostrare competenza / thought leadership*

Avere un proprio blog (attraverso cui distribuire anche guide, white paper, manuali) o poter contare sui post di influencer reputati, permette di diffondere contenuti interessanti che dimostrino la nostra competenza nel nostro settore. La condivisione di idee forti ci posiziona come persone/aziende leader nell'innovazione o nella visione, come soggetti capaci di guidare il futuro e che pubblico e stakeholder devono guardare con rispetto, ammirazione, interesse, positività.

Case history – «A culture of content»

Buoni esempi di uso della comunicazione attraverso la diffusione di contenuto di pregio sono il blog post di Altimeter Group e quello di Hubspot.

5.2.7 *Lead generation*

Spesso operazioni di condivisione di contenuti informativi di qualità (come libri e manuali) vengono vincolate alla fornitura da parte dei lettori interessati dei propri dati. Questo è un classico caso (ma non l'unico) di integrazione di attività di PR digitali con attività di CRM, di database building, diciamo in generale di *lead generation*.

5.2.8 *Supportare il SEO*

Come detto, i blog tendono a posizionarsi in altro tra i risultati dei motori di ricerca. La presenza di uno (o auspicabilmente, parecchi) post che ci riguardano potrà dunque aiutarci a essere più visibili online, «uscendo meglio» nelle ricerche per parole chiave attinenti alla nostra attività.

5.3 Blogger

In larga misura il blogger di spicco non è (più) quella figura romantica degli albori; la situazione si è differenziata ed esistono molti tipi di blogger per molti tipi di blog.

Un influencer è una persona che comunica ad altre persone. Opportuno domandarsi perché investa tempo, fatica, intelligenza in questo tipo di attività. E qui possono entrare in gioco molte motivazioni: una passione personale che ha bisogno di essere raccontata; una dimensione legata all'ego, alla notorietà, alla popolarità, un personaggio; o, al contrario, la necessità/opportunità per un personaggio già famoso di rafforzare con un blog la propria presenza in rete; ma anche il bisogno di usare un blog per promuovere la propria attività, il proprio business, per esempio dando prova al mercato della propria competenza, cercando magari di posizionarsi come guru del proprio settore. Se teniamo conto di questi fattori, ci rendiamo conto che i blogger hanno obiettivi propri, formali o istintivi, che determinano le loro scelte e influenzano la decisione di trasformarsi (o meno) in portavoce della nostra causa o prodotto. I blogger dunque non sono al nostro servizio «a priori». Certo, ci può essere il caso del blogger agli inizi, che sarà ben felice di farci dei favori senza contropartita, in cambio di un qualche tipo di visibilità, felice di poter pubblicare contenuto di qualità, che lo accrediti e quindi progressivamente possa farlo crescere di importanza (percepita). D'altra parte è presumibile che impegnarsi con questo tipo di blogger che lavora per crescere sia un investimento di medio/lungo periodo perché non è ancora posizionato come influencer davvero credibile.

Per riuscire a lavorare con i blogger, la chiave è quella di trovare soluzioni *win-win*, in cui entrambe le parti riescano a derivarne un valore, e costruire una relazione che non può che basarsi sul comprendere che cosa desidera, che cosa necessita, che cosa pensa l'altra parte. Non essendo normalmente una relazione commerciale, questo rapporto esce dai canoni della comune negoziazione aziendale.

Da leggere

> Per capire meglio i blogger si consiglia di leggere la ricerca dell'*Osservatorio sui blog italiani* a cura di Imageware, www.imageware.it.

5.3.1 *I blogger: persone, non strumenti*

La domanda sbagliata che spesso mi sento porre è: «Quali sono le tecniche, i trucchi, per convincere un blogger (famoso) a scrivere un post entusiastico sul mio prodotto e quindi farmi vendere di più (ovviamente senza pagarlo)?». Ricercare dei «trucchi» – e qui sta l'errore – implica sostanzialmente l'assenza di una notizia e che la nostra operazione sia di per sé poco interessante per gli influencer che intendiamo coinvolgere. E che, di conseguenza, sia necessario forzare la mano con delle «tecniche».

Certamente esistono modi più efficaci e modi meno efficaci per entrare in relazione con gli influencer: ma il cuore di tutto sta a monte, nella capacità di generare notizie ed eventi che siano interessanti per loro. E soprattutto sta nel vedere gli influencer come parte integrante del nostro ecosistema di comunicazione. Dobbiamo insomma cercare di metterci nei loro panni e guardare le cose dal loro punto di vista. Per questo è importante non dire mai «uso i blogger» «faccio fare ai blogger», perché le parole hanno un peso e dire le cose in modo corretto aiuta anche a pensare correttamente le operazioni. Si deve sempre dire (e pensare) «faccio cose con i blogger», alla ricerca di reciproca collaborazione e rispetto per il loro essere persone e non «risorse».

Case history – Come sbagliare tutto nella relazione con un blogger

> Ottimo esempio di che cosa non fare e di come non pensare quando si lavori con i blogger (soprattutto di come non pensare di «sedurre» un blogger usando le stesse tecniche finora impiegate per coinvolgere i giornalisti – tecniche che peraltro non funzionano più nemmeno con loro) ce lo fornisce Jonathan Fields nel suo post «PR gone bad: how to anger bloggers and lose your client», www.jonathanfields.com.

5.3.2 *L'equivoco dei «top blogger»*

Le aziende, applicando ragionamenti comprensibili ma inappropriati, a volte richiedono a chi si occupa di PR digitali di inserire nel piano di comunicazione dei «top blogger», vale a dire, secondo un'interpretazione abbastanza discutibile dallo scenario, dei personaggi famosi, spesso dello spettacolo, che pubblicano un proprio blog, con l'obiettivo di ottenere da loro un post favorevole al proprio prodotto/servizio.

In effetti, nella cosiddetta blogosfera italiana (e mondiale) esistono una serie di blog appartenenti a personaggi che hanno identificato nel blog personale uno strumento a supporto della propria notorietà e immagine e a volte una fonte addizionale di reddito, vendendo alle aziende lo sviluppo e la pubblicazione di contenuti. Non è scontato che questi blog siano effettivamente scritti e gestiti dal personaggio: vi sono casi in cui la gestione e la scrittura sono però delegati a un consulente che fa da scrittore-ombra o una redazione. E casi in cui sono coinvolti «agenti» di qualche tipo che ne gestiscono la parte commerciale. E, soprattutto è da tenere presente che il personaggio o il suo agente potranno decidere che il nostro prodotto non è coerente con l'immagine di sé stessi che intendono promuovere e difendere.

Da leggere

Sul tema del rapporto tra VIP e social media, è molto interessante l'*Osservatorio #Social Vip* di Stefano Chiarizzo.

Tre considerazioni si impongono.

La prima è che quasi certamente non si potrà trattare di un'operazione gratuita. Personaggi famosi, che probabilmente hanno già lavorato come testimonial, hanno una chiara percezione del valore del proprio intervento a favore di una marca e sono quindi focalizzati (anche attraverso proprie strutture commerciali) a monetizzare tale valore. Naturalmente ci possono essere eccezioni, come nel caso di operazioni no profit o di accordi quadro per la partecipazione a campagne pubblicitarie.

La seconda si basa sull'opportunità o desiderabilità per il personaggio di schierarsi a favore (con un proprio contenuto, recensione) di una certa marca o prodotto. Un simbolo sexy farà fatica a vedersi associato a un detergente domestico: il suo personaggio potrebbe risultare incongruo rispetto al mondo del prodotto e l'impatto sulla base dei suoi fan potrebbe essere negativo. Per questo motivo molte persone famose tendono a essere selettive e a rifiutare collaborazioni (sia pur remunerate) con prodotti/marche che ritengano incoerenti con la propria immagine.

L'ultima considerazione da fare è se un'operazione di questo tipo possa davvero essere produttiva per la marca. Essere influencer non vuol dire poter influenzare positivamente tutti e su qualsiasi cosa. Occorre quindi domandarsi se il personaggio sia in grado di raggiungere efficacemente il nostro pubblico, se per esempio il suo blog sia davvero letto dal target che intendiamo raggiungere. E se, sul target, l'endorsement al prodotto che questo personaggio potrebbe offrire sia davvero rilevante e credibile. Occorre infatti tenere conto di fattori culturali e abitudini. Il pubblico è da decenni abituato a vedere personaggi famosi in «modalità testimonial», ovvero a magnificarci dal piccolo schermo le virtù di prodotti che tutti sospettiamo che nella loro vita vera non usino realmente. Ma è un gioco, una finzione cui possiamo prestare orecchio. Ma che cosa penseremmo se, potendoli incontrare di persona per una cena informale, questi personaggi famosi ci raccontassero davvero le stesse cose? Molto probabilmente la maggior parte di noi troverebbe strano se non incredibile che un noto giornalista o una cantante di grido tessessero sul loro blog le lodi di un raviolo industriale, di un sugo o di uno smalto per unghie, raccontandoci in che modo usino questi prodotti e di quali risultati questi ultimi sono capaci. Una comunicazione così incongrua suonerebbe non credibile, con un ritorno negativo d'immagine per il blogger testimonial e pochi vantaggi per la marca.

Naturalmente le cose cambiano se il prodotto o la marca sono di quelli che non fatichiamo a immaginare che il personaggio possa davvero amare e usare nel proprio quotidiano: un orologio, forse un'automobile, vestiti di marche alla moda. In sostanza è fondamentale una coerenza tra l'immagine del personaggio e l'immagine della nostra marca.

5.3.3 *Se invece parliamo di «blogstar»...*

Ha invece più senso considerare «top blogger» quegli influencer che, per qualità dei loro contenuti e per bravura, sono riusciti a diventare dei punti fermi della blogosfera e ad aggregare audience rilevanti. Anche qui però, quelli che a volte vengono definiti «blogstar» non è detto che siano i blogger ideali per la nostra marca. Per i temi trattati. Per lo stile. Per l'indisponibilità a promuovere prodotti. Per molte altre ragioni.

In sintesi: non è così importante riuscire a «essere pubblicati» da blogger con molti follower. È importante fare cose con blogger che siano credibili, relevant e focalizzati sul nostro target. E, possibilmente, che raggiungano audience non esigue. Meglio scegliere un gruppo di blogger influenti (per davvero) sull'arte, sulle ricette, sugli articoli sportivi o sui giocattoli (se questi sono i nostri mercati) piuttosto che sperare di raggiungere quel pubblico attraverso blogger molto meno focalizzati (e quindi giudicabili come fonti di informazione meno specialistiche e pertanto credibili) ma «famosi». Non inseguiamo il numero a tutti i costi: inseguiamo la selezione dei blogger «giusti» per noi e per il nostro pubblico.

Case history – Quando il blogger diventa il protagonista

È indubbio che esista una certa tendenza a mitizzare i blogger, fino al punto di farli diventare protagonisti della comunicazione pubblicitaria. È il caso di Philips che è arrivata a narrare in un serial su YouTube la storia della love story tra un product manager dell'azienda e una blogger che ne racconta i prodotti. Ne ho parlato nel mio post «La Love Story tra la blogger e il cliente».

5.4 L'importanza del database

Lo strumento più importante nel lavoro delle PR digitali è senza dubbio un buon database dei blogger (e, più in generale, degli influencer).

In questa fase tuttora pionieristica della disciplina, chi si occupa di PR digitali si trova di fronte a un grande ostacolo: la mancanza di un censimento, di una lista esaustiva dei blogger. Magari contenente una serie di dati utilissimi come il numero di contatti, l'ambito del blog, il numero di pagine viste, quante e che tipo di persone lo seguono. Insomma uno strumento di pianificazione, che chi è abituato a lavorare con i media potrebbe pensare esista; in realtà, invece, non si sa neppure bene quanti siano i blog in Italia e nel mondo.

Ovviamente, nel momento in cui si deve partire con un progetto di coinvolgimento di influencer, i due fattori chiave del progetto sono *a*) che cosa andremo a fare con loro e *b*) quali siano gli influencer giusti da coinvolgere, sapendo che esistono centinaia se non migliaia di potenziali partner fra cui scegliere. È quindi praticamente indispensabile avere a disposizione un database categorizzato, che come minimo elenchi un ampio numero di blogger divisi per tipologia/argomento, contenga i loro contatti ed eventuali note utili. Come detto, (buoni) database di questo genere non sono disponibili sul mercato e sono strumenti normalmente ben custoditi dagli operatori come chiavi di vantaggio competitivo: il che implica che è necessario costruirsi il proprio, come asset strategico.

5.4.1 *Come si costruisce il database*

A scopo didattico ipotizziamo il caso di un operatore (agenzia, consulente, responsabile aziendale…) che debba costruire una lista di blogger da coinvolgere in un progetto. La strada più intuitiva sarebbe quella di usare Google per cercare di individuare un congruo numero di blogger. Se, a titolo di esempio, proviamo a cercare «fashion blogger», limitando la ricerca alla lingua italiana e per risultati degli ultimi dodici mesi, otteniamo migliaia e migliaia di risultati. Occorrerà dunque scremare questi risultati: vi sono molte duplicazioni, molti articoli che citano l'espressione ma in realtà non sono attinenti, contenuti che parlano del fenomeno ma non ci danno nomi utili e così via. E sarà una scrematura da fare a mano. Dopodiché occorrerà andare a visitare uno a uno i risultati che appaiono potenzialmente interessanti, e prendere nota dei nomi che escono. Ipotizzando di metterci all'incirca due minuti per risultato (alcuni li scarteremo in pochi secondi, altri richiederanno un po' più di tempo per essere vagliati) arriveremmo facilmente a sette-otto giornate lavorative solo per stilare una lista non valutata. Di qui la necessità di partire a monitorare ed esplorare il mondo con molto anticipo – considerando questa un'attività continuativa, anche per il dinamismo del mercato (blog che nascono e che muoiono, blog che decadono qualitativamente e blog in origine scarsi ma che nel tempo diventano nettamente più interessanti).

Importante ovviamente considerare il database dinamico e non statico: non fossilizzarsi quindi sui nominativi individuati qualche mese fa, ma aggiornare, integrare, verificare, analizzare, a ogni nuova operazione cercare di integrare e manutenere l'archivio dei dati.

Un'altra maniera per aggiungere risultati è quella di usare Google Blog Search (uno strumento utile anche per il monitoraggio di ciò che si dice sui blog). Si potrà per esempio inserire un nome chiave come «Jimmy Choo» o «Loubotin» per ottenere tutta una serie di risultati (tendenzialmente) provenienti da blog dedicati alle scarpe e alla moda; e in questo modo scoprire una serie di blog ben indicizzati su Google, che magari non conoscevamo, cosa particolarmente frequente se il settore che dobbiamo coprire è particolarmente di nicchia.

Quando si compila una lista di blog è sempre necessario ricordarsi di ripulire il «dato grezzo» e di inserire annotazioni utili. Per esempio non inserire nel database blog che non sono aggiornati da tempo, o il cui livello qualitativo sia troppo basso, o di proprietà di aziende o agenzie concorrenti (sono blog che può comunque interessare seguire, ma a cui è meglio non mandare informazioni in anteprima, per ovvie ragioni di competizione), così come blogger esclusivamente schierati a favore di una marca (perché sono consulenti o collaboratori di un'azienda o semplicemente perché la amano parecchio; ma se citano più marche dello stesso settore vanno assolutamente messi nel database) o blog che per linguaggio, immagini, toni, taglio non risultino accettabili o appropriati per un uso «professionale».

5.4.2 *Liste e classifiche: servono?*

Uno strumento integrativo può essere costituito da alcune liste o classifiche di blogger disponibili in rete. Per quanto interessanti, va sottolineato che non sono esaustive e sono stilate sulla base di criteri più o meno soggettivi.

In realtà non esistono strumenti di monitoraggio *scientifici* che determino l'appartenenza (o meno) di un blogger all'olimpo delle blogstar. Possono esserci liste dei «top blogger» italiani, basate per esempio su parametri di qualità valutati da una redazione, ma non ci dicono in dettaglio quante persone seguano quel blog e quindi il termine «top» assume una valenza poco legata agli aspetti quantitativi che invece ci interessano (i parametri di valutazione adottati possono inoltre essere discutibili).

Queste liste, per loro natura (e anche per la difficoltà di andare a individuare tutti gli operatori in rete, pescandoli uno a uno) non possono che essere parziali, elencare i blogger più visibili e che fanno in qualche modo notizia (essendo stilate da una redazione, difficilmente saranno presenti blog molto di nicchia, anche solo per la difficoltà di scovarli). Se il rischio di perdere blogger molto bravi ma poco noti o blogger fondamentali in nicchie poco visibili non è dunque trascurabile, liste e classifiche possono tuttavia essere comunque utili per arricchire il proprio database con nominativi di un certo peso sebbene non siano poi necessariamente per noi quelli «giusti» e migliori.

Va inoltre tenuto presente che molti dei «top blogger» italiani non sono coinvolgibili in progetti di comunicazione, o lo sono più in qualità di influencer che come blogger da cui aspettarsi un post sulla nostra marca/attività/iniziativa.

A titolo esemplificativo, interessanti liste di blog sono fornite da:

- Blogitalia: Top Italia (classifica generale);
- Teads Lab: lista Top Blog (generale, ma con ranking anche settoriali);
- Blogbabel: Top 500 Blog;
- Les Cahiers Fashion Marketing: Osservatorio mondiale dei fashion blog;
- MacchiaNera Blog Awards: lista dei premiati.

Un altro strumento che fornisce indicazioni sulla popolarità di siti e blog è Alexa.com, che elabora un ranking dei siti più visti per paese; anche se le metodologie adottate e quindi i risultati ottenuti vanno presi con le pinze, può essere utile per individuare siti che non conoscevamo, quando magari iniziamo a occuparci di uno specifico settore merceologico. In questo caso Alexa può darci una mano a scoprire blogger di altissima fascia o anche di popolarità inferiore, a condizione però di spulciare centinaia di risultati.

Assumendo comunque che i numeri forniti da Alexa siano sufficientemente corretti, va rilevato che: *a*) non tutti i siti esistenti, e specialmente i blog, sono censiti; *b*) siti piccoli spesso non sono rilevati o, se lo sono, non sono corredati dalle stime di massima fornite per i siti «maggiori», il che è un problema quando stiamo lavorando su blog focalizzati su target specifici e non vastissimi.

Un pensiero in più – Devo conoscere di persona tutti i blogger con cui lavoro?

Come detto, un censimento completo dei blogger attivi non esiste. Difficile dunque eseguire un conteggio affidabile del loro numero totale. Per dare comunque un'idea dell'ordine di grandezza di questo comparto, nella mia attività professionale mi è capitato di avere a che fare con database comprendenti tra i quattromila e i cinquemila nominativi di blogger attivi e «interessanti» (in ambiti tra loro molto diversi), escludendo quindi tutti i numerosissimi blog marginali, non aggiornati, non focalizzati, senza seguito. Il totale dei blog esistenti in Italia può quindi essere tranquillamente stimato intorno almeno a qualche centinaia di migliaia, qualcuno dice 500.000 (la maggior parte tuttavia certamente non rilevanti per progetti di comunicazione). Qualcuno si è spinto a ipotizzare addirittura milioni di blog esistenti in Italia (si veda in proposito il post di Vincenzo Cosenza, «Blog e social network in Italia. Ricerca LaRiCA», vincos.it), comprendendo però nella stima anche un altissimo numero di blog abbandonati, non aggiornati, test, progetti naufragati e senza lettori. Diventa quindi impossibile conoscere tutti i blogger di persona; sarebbe bello e utile ma, dato il loro numero, si tratta di un'impresa impossibile o come minimo molto *time consuming* (espressione che suona come un'eresia in un mercato di remunerazioni all'osso, dove chi lavora non può investire tempo in attività che non siano strettamente indispensabili, a costo anche di ridurre la qualità del risultato). Detto questo, è comunque raccomandabile impegnarsi per stringere contatti almeno con i blogger con cui si collabora più frequentemente e cercare di allargare il proprio giro di contatti attraverso la partecipazione a eventi e manifestazioni in cui siano presenti i blogger con cui si potrebbero avviare progetti, sia per conoscerli di persona, sia per immergersi in questo mondo e capirne meglio le logiche, i riti, i problemi.

5.4.3 *Altri strumenti da usare per arricchire il database*

Gli strumenti principali per arricchire il database restano occhi e orecchie; «essere sul pezzo», seguire in rete le discussioni relative ai temi su cui dobbiamo lavorare. In questo modo individueremo già un certo numero di persone che parlano spesso e bene del tema. Starà poi a noi capire se sono influencer, se sono coinvolgibili e come. Può essere interessante provare a usare anche Twitter, applicando opportune chiavi di ricerca (per esempio food, blogger...) come fonte alternativa di spunti – da valutare sempre a mano, visitando i risultati.

Naturalmente le conoscenze personali, il passaparola, essere dentro questo mondo aiuteranno ad avere in mente una serie di persone considerate blogger di spicco, ma questo non è sufficiente per disporre di un quadro ragionevolmente approfondito dello scenario. Esistono però (e periodicamente se ne parla in rete) anche degli strumenti online – gratuiti o a pagamento – che si propongono di aiutare a identificare influencer; il problema principale è che di norma sono fortemente sbilanciati sulla lingua inglese, il che rende faticoso utilizzarli per un'azienda che lavori con influencer italiani.

In casi estremi e se possiamo contare su un nostro network di persone che operano nel nostro ambito professionale (cosa sempre raccomandabile) possiamo porre la domanda in rete, ben consapevoli però che questa mossa darà un'immediata indicazione ai nostri competitor di che cosa stiamo per fare e probabilmente di chi potremmo coinvolgere – e un competitor smart potrà reagire rapidamente, coinvolgendo quegli stessi blogger prima di noi, sbarrandoci per un po' la strada.

5.4.4 *Non basta un'anagrafica*

Naturalmente non è sufficiente individuare un nome e un indirizzo per inserire in database un blog o un blogger. Andrà visitato, letto, capito, valutato. Se dobbiamo agire come consulenti per un nostro cliente o per un reparto della nostra azienda, non possiamo certo dare dei nomi a caso o entrare in una logica di spam (coinvolgo centinaia di blogger non segmentati, più ne coinvolgo più statisticamente ne avrò che parlano di me...). Dobbiamo, tra i nominativi individuati, scegliere quelli più adatti, quelli «giusti». E già da questa prima attività si capisce quanto sia *work intensive* il lavoro delle PR digitali. Anche nell'ipotesi di non avere costi per raggiungere i blogger, esiste un costo importante in termini di giorni/uomo necessari all'operatore per costruire il database.

5.5 Si può attribuire un valore, un'audience ai blogger?

Lavorando con aziende che non hanno una solida cultura digitale, capita spesso di sentirsi domandare di misurare l'audience dei blog, il numero di persone che li leggono. Al di là di sapere «come è andata» (richiesta sanissima e quasi obbligatoria, per un progetto ben eseguito), subentra qui il desiderio di ragionare (quasi fosse una campagna pubblicitaria da pianificare sui media) non sulla qualità del blogger ma sulla massimizzazione delle audience raggiunte e sulla conseguente minimizzazione del costo contatto (il cosiddetto «costo per GRP»; per una definizione di «gross rating point», l'indice di pressione pubblicitaria, si veda la voce dedicata in Wikipedia). Il numero di lettori di un blog, i suoi dati, non sono però attualmente misurabili in modo indipendente (anche se in un prossimo futuro nuovi approcci e soluzioni potrebbero cambiare la situazione).

Avere un'idea della popolarità di un blogger può avere un suo senso all'interno di un progetto di comunicazione; meglio contattare un blogger bravo e seguito che uno bravo ma senza seguito. Ma il problema che si pone sul mercato è oggi un altro. È quello dell'adozione brutale di ragionamenti e metodologie specifiche della pubblicità: dove, assumendo che varie emittenti e vari programmi lavorino sul medesimo target con la medesima «credibilità», si analizza la combinazione d'acquisto spazi che massimizza il ritorno sull'investimento. È ormai spero chiaro però che le PR digitali sono cosa diversa dalla pubblicità, fanno un mestiere diverso, portano risultati diversi e hanno metodologie proprie.

5.5.1 *Non esiste l'Auditel dei blog*

Senza entrare in polemiche sulle metodologie e sull'affidabilità dei dati sulle audience televisive e sui relativi costi per contatto, va detto subito che al momento non esiste la possibilità di avere per i blogger un indice comparabile a quello del GRP. Per i mass media, è più facile: sono relativamente pochi, aggregati da editori e concessionarie, sono gestiti professionalmente, hanno in genere una filosofia e una struttura commerciale che li porta a organizzarsi per fornire tutti i dati che possono servire agli investitori per decidere di includerli nel loro piano mezzi.

Anche se alcuni blog si sono strutturati in seguito alla loro evoluzione verso un modello da *magazine* basato sulla pubblicità, in genere il blog è tenuto da una persona che per mestiere fa altro, il cui obiettivo principale non è la monetizzazione di questa parte del suo lavoro, o anche una persona che non ha il tempo e le competenze per operare commercialmente. E quando si tratta di un blog privato, i dati di traffico non sono (ovviamente) pubblici, come per un qualsiasi sito individuale. Non è quindi possibile avere accesso ai suoi dati a meno che non sia il blogger stesso a concedercelo.

Su questi temi possono nascere attriti tra l'azienda e chi si deve occupare di PR digitali. Il problema di fondo è costituito in genere dalla scarsa conoscenza e dalla scarsa comprensione del fenomeno blog e delle sue caratteristiche, in una fase di «mercato» ancora agli albori. Capita, infatti, di relazionarsi con manager che ragionano esclusivamente in termini media o di PR tradizionali: dove è scontato (e indispensabile) poter misurare l'audience del mezzo, valutare il ROI dell'investimento e riportarlo al management. Dove un automatismo di qualche tipo lega spesa e ottenimento dei risultati. Dove azienda e fornitore di comunicazione esiste un rapporto di natura commerciale, economica. Tutto questo non è applicabile ai blog – soprattutto in relazione alle motivazioni e all'indipendenza degli influencer – ma non sempre è facile farlo capire alle aziende e far comprendere come certe richieste, certe aspettative (giustificatissime nel mondo dell'advertising) non abbiano qui senso e/o siano addirittura impossibili, anche solo, semplicemente, per la mancanza di strumenti di misurazione adeguati.

L'unica soluzione, allo stato attuale, per avere dati affidabili di traffico di un blog è chiedere al blogger di condividere quanto elaborato dai suoi analytics. Ma anche qui sorgono problemi, riconducibili a due categorie. Il primo problema è che dovremo fidarci del blogger e dei dati che ci comunica; l'altro, se si tratta di operazioni non remunerate, è che quando cerchiamo di coinvolgere un blogger nel nostro progetto, in fondo gli stiamo chiedendo di farci un favore senza essere disposti a remunerare il valore che ci regala. In questa situazione non possiamo tirare troppo la corda e chiedere non solo di farci il favore ma anche di dimostrarci che è degno di farcelo, condizionando la richiesta di aiutarci gratuitamente alla verifica previa che abbia un numero di lettori per noi interessante. È inoltre evidente che se portiamo il discorso sulla sua audience – e quindi sui risultati e quindi sul ROI – diamo alla relazione un tono piuttosto commerciale e il blogger si sentirà autorizzato, se non proprio incentivato, a chiedere una qualche forma di remunerazione. In questo modo si innesterà con lui un «secco» rapporto di business, di compravendita di influenza, che non è il massimo quando l'intenzione sia quella di coinvolgerlo in maniera più personale, come vedremo tra qualche pagina.

A complicare ulteriormente il tema dell'audience, va tenuto presente che:

- più che il dato generale sulle letture del blog, ci interessa il singolo dato di lettura del post che ci riguarda;
- l'effetto del post che ci riguarda non si esaurisce necessariamente nel giorno della pubblicazione, tenendo conto che le letture di un post possono seguire il principio della «coda lunga» e i risultati arrivare progressivamente in un arco di tempo abbastanza esteso;
- la «portata» della comunicazione viene estesa se il blogger pubblica anche sui social; e dall'amplificazione che i suoi lettori eserciteranno ritwittando i cinguettii su Twitter, condividendo i post su Facebook, parlando e discutendo dei suoi post su altri social network e così via.

È inoltre opportuno segnalare l'esistenza di una serie di aziende che propongono servizi di stima delle audience dei blogger – normalmente più pensate su un mercato USA – i cui risultati (anche sulla base di test effettuati personalmente, comparando le stime con i dati effettivi di un certo numero di blog) lasciano a desiderare come precisione. Il loro uso, se non sconsigliato, deve comunque essere accompagnato da una grande cautela nel maneggiarne i risultati e soprattutto nelle decisioni conseguenti all'uso di questi dati.

In assenza di standard quantitativi, la valutazione è generalmente basata sull'esperienza personale degli addetti ai lavori, che sanno quali sono i blog più importanti, credibili, che «funzionano», che vengono ripresi e citati. Valutazione che, come è importante sia nel caso in questione, tiene conto fortemente anche di fattori qualitativi relativi al blog e di quanto viene ripreso e amplificato, perché, se il nostro obiettivo è l'influenza, dobbiamo guardare ai segnali che ci dicono che questa influenza c'è. Naturalmente le cose cambiano se il blogger viene remunerato e vende un proprio servizio. In tal caso, trattandosi di una fornitura di una prestazione, è lecito sapere che cosa si compra e come è andata; e quindi chiedere preventivamente ed *ex post* i dati sull'audience, i click, le interazioni...

5.5.2 *Tenere conto dell'effetto di amplificazione*

A differenza della pubblicità, dove generalmente effetti di passaparola tendono a essere poco significativi o quanto meno abbastanza rari, nel mondo digitale e soprattutto social, effetti di amplificazione attraverso la ridiffusione possono giocare un ruolo importante. Come già accennato può quindi essere riduttivo, per esempio, limitarsi a contare il numero di follower di un influencer. Sono molti infatti i casi in cui un messaggio, partendo da una fonte con relativamente pochi utenti, si è diffuso in rete attraverso successive condivisioni di follower, follower dei follower e così via. Quindi se un blogger posta un contenuto è anche importante che questo contenuto venga ripreso e ripubblicato o menzionato, linkato su altri blog o sui social dai suoi lettori (chiamiamoli di «prima generazione», coloro che lo rendono visibile a persone che non necessariamente sono lettori del blogger che ha originato il processo). Le persone che vengono esposte a questi messaggi di «seconda generazione» potranno leggere il post, scoprire un nuovo blog e magari a loro volta condividere e ridiffondere – in un processo di amplificazione, una sorta di reazione a catena, che, se anche non è corretto definire virale (perché normalmente non ha i tassi di crescita esplosivi che caratterizzano il classico viral), porta comunque fattori di amplificazione dell'audience non trascurabili – e che può essere interessante cercare di misurare.

Nella logica dei mezzi sociali, occorre poi pensare non solo in termini di fruizione passiva ma anche di interazione, di discussione. Ci interesserà molto capire che tipo di reazioni ha innescato nel pubblico, per esempio, un post sulla nostra marca: se si tratti di reazioni generate da una nostra specifica attività di sensibilizzazione del blogger o di reazioni spontaneamente generate dal blogger che ha visto una nostra azione/prodotto interessante e ha deciso autonomamente di parlarne senza coinvolgerci. Ci interessa vedere che cosa dicono del post e di noi. Quali commenti, opinioni, giudizi sono stati espressi. Chi ne ha parlato e come. Dunque la presenza, l'attività, il seguito sui social sono fattori importanti per definire l'importanza di un blogger e devo essere considerati nelle valutazioni sia prima sia dopo l'avvio di una collaborazione con l'influencer.

Case history – Quando l'effetto supera ogni proporzione

A volte i blog possono avere un impatto sul business assolutamente sproporzionato rispetto alla loro importanza percepita. Si veda, nel racconto di Kevin Rawlinson, «Can a lone blogger bring down a business?», www.bbc.com, il caso di un negozio di scarpe irlandese e delle imponderabili conseguenze scatenate dalla recensione online di un cliente insoddisfatto.

5.5.3 *Tenere conto dell'effetto coda lunga*

Per «coda lunga» si intende il fenomeno per cui un contenuto pubblicato oggi potrà portare risultati (a volte la maggior parte dei risultati) non subito, o non solo subito, ma anche a distanza di tempo (per una definizione più completa si rimanda a *Wikipedia*).

La lettura nel tempo dei nostri contenuti potrà infatti derivare da una serie di meccanismi, di fenomeni diversi, quali:

- persone che leggono abitualmente il blog che parla di noi;
- persone che leggono i social su cui il blogger racconta di aver scritto un post su di noi;
- persone che hanno letto post o messaggi sui social di altre persone che citano il post del blogger che ha parlato di noi;
- ma anche persone che hanno uno specifico interesse verso il tema trattato nel post e che ci sono arrivate attraverso un motore di ricerca.

Una persona che stia svolgendo online la ricerca di un prodotto/servizio per parola chiave può arrivare «da fuori» al post che parla di noi e contiene quella parola. È possibile che in molti casi il post in questione non sia la soluzione alla sua esigenza, ma in altri casi, se il post è ben indicizzato, l'approdo è a ragion veduta e il post può assumere un ruolo determinante di influenza nel processo d'acquisto. Se un prospect «caldo», ormai col portafoglio in mano, legge cose buone o cattive su di noi è inevitabile che la sua opinione, la sua propensione all'acquisto cambi in bene o in male. In genere però il momento in cui nasce un bisogno e s'innesca una ricerca in rete non è prevedibile. Per molti prodotti si può verificare a distanza di settimane o anni dalla pubblicazione del contenuto in cui il potenziale cliente incappa. E quindi la generazione di valore per la nostra azienda o organizzazione può verificarsi anche a distanza di molto tempo o, meglio, può proseguire per lungo tempo.

Case history – Distinguere il traffico «buono»

Di norma sul mio blog, circa il 30-40 per cento delle letture avviene nei primi quattro o cinque giorni dalla pubblicazione e la stragrande maggioranza viene cumulata nei dodici mesi successivi. Ma anche il mio blog ha registrato una significativa eccezione. Come ho già avuto occasione di accennare nel Capitolo 1, un post dedicato alla nuova proposta on demand di Sky («Sky On Demand: non tutti sanno che.... (dal vostro inviato)») continua a uscire su Google ai primissimi posti se si ricerca il nome del servizio – molto più in alto anche di alcuni contenuti dell'azienda stessa –. Ciò succede da anni (il post è datato luglio 2012), portando sul mio blog moltissimo traffico. Ma non si tratta di un traffico «buono». Analizzando i dati delle visite è evidente infatti che molte di queste sono brevissime: le persone atterrano sul blog, si rendono conto che il contenuto trovato non è ciò che cercavano (tipicamente issue di configurazione, mentre io parlo dell'offerta dal punto di vista marketing) e quindi scappano immediatamente. Di qui, addizionalmente, la considerazione che avere alti volumi di visite su un post non necessariamente implica la generazione di un reale valore per il blogger e per l'azienda.

5.6 Prima di contattare un influencer o un blogger è imperativo...

Prima di contattare un influencer o un blogger è imperativo conoscerlo. Non mi stancherò di ripeterlo. Sapere chi è e com'è; di che cosa si occupa, di che cosa scrive, come scrive, che idee ha. Se ha posizioni contrarie a certi prodotti o categorie, se è interessato a parlare di marche e prodotti.

Se vogliamo coinvolgere un blogger, rivelargli che in realtà di lui non sappiamo nulla, che è solo una riga su un database sarebbe un notevole autogol. Purtroppo questo avviene abbastanza spesso. I blogger continuano a ricevere richieste di pubblicazione per notizie completamente al di fuori dei loro interessi e dei loro ambiti di azione. Una comunicazione fuori tema può suscitare reazioni negative: il mittente potrà venire contrassegnato come spammer, quindi le sue successive email potrebbero essere automaticamente scartate – cosa particolarmente grave quando il mittente sia un'agenzia, che si brucia così la possibilità di parlare con una serie di influencer.

Quando dunque si decide di contattare un certo blogger, occorre leggerne il blog, seguirlo sui social, se possibile conoscerlo di persona. Perché ricordiamoci che in questo tipo di operazioni parliamo con delle persone, non con dei ruoli aziendali. Il livello di interesse del blogger o dell'influencer per le marche non è necessariamente alto e, come tutti, non gradisce di essere disturbato per qualcosa che è palesemente «fuori target», che tratta un tema per lui non interessante. Peggio, essere disturbato senza che il mittente si sia preso il disturbo di chiedersi se il ricevente fosse la persona giusta, ma si è limitato a sparare nel mucchio.

Limitarsi ad allegare materiale informativo senza spiegazioni, senza un messaggio personalizzato di accompagnamento significa presumere esplicitamente che la forza della nostra marca sia tale che il blogger certamente, naturalmente, si curerà di aprire l'allegato, il cui titolo non è esplicativo e il cui contenuto non raccontato nella mail. Presunzione indice di grande arroganza.

Un pensiero in più – Per occuparsi di PR digitali, è necessario essere un blogger?

No, ma di certo può aiutare. Si lavora meglio se si conosce il mondo in cui si opera, chi sono e come ragionano i suoi abitanti. Se si capisce la differenza tra un blogger e un altro tipo di influencer, e come approcciarli in modo differenziato. Se si possiede la cultura e si sa come funziona la messa in opera di un blog, con tutte le difficoltà e gli aspetti delicati connessi, se si ha un linguaggio comune. Tutte cose che si possono imparare con l'esperienza; ma tenere un proprio blog può rivelarsi un esercizio molto istruttivo – anche senza la pretesa di diventare famosi, solo per sporcarsi le mani e farsi un po' di esperienza pratica.

5.7 I blogger hanno anche una vita

In Italia la figura del blogger professionista è praticamente inesistente. La conseguenza è che molti blogger sono persone che scrivono e si occupano del proprio blog in aggiunta a quella che è la loro attività lavorativa vera e propria. Scrivere un pezzo su di noi, prendere parte a un incontro (magari fuori dalla città in cui risiedono) equivale in qualche modo a un costo per loro. Fanno queste cose nel proprio tempo libero, rubandolo ad altro. Usano del tempo che potrebbero dedicare ad altre attività, personali o professionali.

In sostanza, dobbiamo tenere conto che il tempo (e l'attenzione) che un blogger ha a disposizione per occuparsi del proprio blog è in genere limitato. Dobbiamo accertarci che la nostra richiesta abbia un senso nel quadro della sua attività; che possa essere interessante, divertente, stimolante, utile. Dobbiamo tenere presente che giorni e ore in cui fissiamo eventuali nostri eventi devono essere compatibili con la vita di una persona che probabilmente svolge un altro lavoro, magari come dipendente (ed è quindi legata a orari d'ufficio). Dobbiamo domandarci se ciò che abbiamo da offrire rappresenti un motivo sufficientemente valido per rinunciare a un'ora di sonno, a un aperitivo con gli amici, a fare altre cose sul blog.

Se poi capita che la relazione con un blogger – relazione che è filata liscia e per un po' ha dato risultati – si interrompa, dobbiamo domandarci se non abbiamo tirato troppo la corda. Il caso tipico è quello dell'azienda che frequentemente invita degli influencer a eventi, chiede loro un paio d'ore di tempo (e la pubblicazione di un post) offrendo in cambio un catering, una chiavetta USB, forse un gadget molto economico e un po' di informazioni sulle proprie attività e poi sparisce sino all'invito successivo. Io ti chiamo, tu vieni, ascolti, bevi e poi scrivi. Se la relazione si ferma qui, se l'utilità della relazione con l'azienda non evolve, se gli spunti non sono costantemente validi e permettono la creazione di content di alto livello, dopo un po' viene a mancare la motivazione a partecipare. Viene a mancare l'interesse a stare al gioco, perché il gioco costa più di quanto porta.

5.8 Videoblogger o YouTuber

Il fenomeno del blogging non si arresta però a blog di tipo esclusivamente testuale; esistono blog totalmente o largamente visuali, esistono un certo numero di podcast (anche se sembrano non essere più molto di moda) ed esistono persone che realizzano eccellenti e talvolta seguitissimi video, pubblicati all'interno di loro canali. Si parla allora di *videoblogger* (o *YouTuber*).

È scontato quanto sia più complesso (ma potenzialmente anche più efficace) ottenere un video invece di un post testuale – anche per il tempo e lo sforzo richiesto per produrre un video di qualità (per inciso: nel caso dei video la qualità è tutto, perché se si può perdonare un post dal contenuto interessante anche se scritto in maniera un po' approssimativa, l'utente non è generalmente disposto a sopportare un video girato male, lento, montato peggio).

Il fenomeno del videoblogging ha assunto dimensioni particolarmente interessanti nel campo del beauty, per esempio, con i video tutorial, e alcuni tra questi videoblogger hanno poi esteso la propria attività, spesso partendo proprio dalla rete, per approdare in emittenti radiofoniche o televisive, nel quadro di una tendenza più ampia che ha visto un certo numero di blogger diventare influential (o forse personaggi) nel mondo dei mass media.

Per approfondire il tema degli Youtubers e costruire liste, buone fonti sono:

- la pagina channels di YouTube;
- YouTube Magazine Italia;
- la pagina Top 100 YouTubers in Italy by SB Score su SocialBlade.com.

Un pensiero in più – Usare YouTube in logica PR

Anche al di fuori dell'intervento di *YouTubers* e *vloggers*, il canale YouTube può essere un eccellente veicolo per la diffusione di informazioni, comunicazioni, precisazioni che originino direttamente dall'azienda/organizzazione. Interessanti esempi di uso di YouTube in logica di PR si possono trovare in Jamie Carracher, «The PR Pro's Guide to YouTube», mashable,com.

5.9 Bisogna pagare i blogger?

Il tema è delicato. Una serie di blogger potrebbero irritarsi di fronte all'offerta di pagamento, ritenendo di essere stati oggetto di una sorta di corruzione volta a influenzare la loro libertà di opinione, in una logica personale di «non essere in vendita». Altri blogger, di fronte a una richiesta di collaborazione, rispondono inviando direttamente il proprio listino prezzi (è ancora una minoranza, ma l'ho visto più volte accadere di persona, per esempio in categorie come le mamme blogger o i fashion blogger). È chiaro che siamo tutti consci che il blogger genera valore quando parla bene di un'azienda. E non ha senso che lo faccia gratis, anche se il valore che è lecito dare in ritorno non necessariamente si esprime attraverso il pagamento del servizio. Ma, se non pagate, almeno non caricate di costi vivi il blogger.

Si vedono aziende che invitano «con piacere» blogger ai propri eventi. Ma si aspettano che il blogger, oltre a prendere ferie per essere presente o a non fatturare una giornata se di professione è consulente, si accolli i costi di viaggio e soggiorno dato che l'azienda tiene sì alla partecipazione del blogger ma non tanto da coprirgli le spese. Questo ovviamente rende molto più difficile ottenere la presenza del blogger «fuori sede» ma soprattutto impedisce che si stabilisca una relazione positiva tra blogger e azienda; anzi, è più facile in questo modo rimediare una reazione di antipatia, legittimata dalla considerazione che l'azienda non solo richiede un lavoro gratis ma si aspetta che su questo lavoro il blogger metta dei soldi di tasca propria.

A nessuno si può chiedere di svolgere un lavoro gratis per noi: un conto dunque è proporre a un blogger di scrivere uno sporadico post su di noi o di partecipare a una presentazione, un altro è pretendere che sviluppi una serie di contenuti che gli richiedano di impegnare parecchio tempo a supporto dei nostri obiettivi. Questo è un vero e proprio lavoro e non è detto che il classico scambio «lavoro contro visibilità» sia credibile o sostenibile (senza dimenticare, come abbiamo già avuto occasione di dire, che blogger noti possono godere già di più visibilità di quanta ne possa offrire la collaborazione con la nostra marca).

Da leggere

Per approfondire la riflessione intorno al dibattito in corso all'interno dei mondo dei blogger sul tema del pagamento (e dei blogger come attori della comunicazione aziendale), segnalo l'ottimo post di Giuliana Laurita, «Il paradosso del blogger di professione», giulianalaurita.com.

Detto questo, esistono vari modi di sdebitarsi, di cercare di ricambiare il valore generato, di incentivare il blogger. Anche se, attenzione, non tutti sono adatti a tutte le aziende, e non tutti i blogger apprezzano le stesse cose… quindi ancora una volta si tratta di conoscerli e di capirli.

Ci sono aspetti di *gratificazione personale* spesso mescolati a vantaggi di *visibilità*, *credibilità*, *vantaggio* nel loro business (avere accesso a persone chiave dell'azienda, dare loro visibilità sui media aziendali, concedere anteprime esclusive, farli sentire importanti…). Qui si mischiano a volte fenomeni di relazioni personali, di simpatia, che si generano tra persone con le quali, essendo in buoni rapporti, viene spontaneo farsi dei favori e darsi reciprocamente una mano. Naturalmente, trattandosi di emozioni personali, attinenti alla sfera privata, occorre assolutamente evitare qualsiasi forma di manipolazione, altrimenti (a parte la dimensione etica e deontologica del lavoro, fondamentale) si apre il rischio di generare un effetto boomerang non da poco.

Possiamo gratificare il blogger (o meglio, attribuirgli valore) facendogli vivere una *experience* molto particolare, divertente, normalmente non accessibile (per esempio una visita guidata a un museo, un ingresso in luoghi chiusi al pubblico o «dietro le quinte», la possibilità di prove in genere non consentite, come quelle con un simulatore di volo o su un'auto da corsa...) oppure facendolo partecipare a viaggi o a eventi con personaggi straordinari.

Case history – Nokia e i blogger in assenza di gravità

Nokia ha coinvolto un gruppo di influencer nel lancio di un suo nuovo modello di telefono cellulare estremamente leggero (e quindi, in qualche modo collegabile al tema della gravità). Attraverso un complesso progetto che utilizzava i social media e con il contributo di alcuni milioni di fan che hanno espresso le loro preferenze, Nokia ha selezionato un gruppo di influencer a quali è ha poi concesso di vivere un'esperienza rara (e normalmente molto costosa): provare l'ebbrezza dell'assenza di gravità a bordo di uno speciale aereo. La case history, che per la sua completezza e il suo impianto strategico merita di essere studiata, è raccontata sotto il titolo «Nokia: N8 Producers», su 1000heads.com.

Il riconoscimento di un *vantaggio tangibile* (sia esso l'accesso a un servizio VIP di cui normalmente il blogger non potrebbe godere, come l'ingresso alla VIP lounge di un aeroporto se siamo una linea aerea, o sconti, upgrade, *perks* di vario genere per molte categorie merceologiche), pur nella sua materialità, lavora anche su una dimensione di gratificazione personale, sullo status, in quanto fa sentire al blogger (forse) che l'azienda lo considera una persona importante e come tale lo tratta. Si può abilitare l'utilizzo gratuito di servizi normalmente a pagamento. Si possono fare regali e omaggi (per Natale, per il compleanno del blogger... meglio che in occasione dell'evento che vorremmo venga coperto, sempre per evitare il senso di mercificazione del rapporto e considerando comunque che dobbiamo ragionare in una logica di relazione continuativa).

In Svezia e in Spagna si è arrivati addirittura a coinvolgere i blogger nella catena di distribuzione, offrendo commissioni sulle vendite oppure a offrire loro particolari sconti negli hotel (si vedano rispettivamente i miei post «Extreme Social PR: il tuo prodotto te lo vendono i blogger» e «Il Blogger adesso è un target (e ha lo sconto)»).

Il pagamento per i servizi è invece un tema ancora molto delicato, da valutare caso per caso. Come detto, alcuni blogger hanno a disposizione un listino prezzi per le proprie prestazioni. E qui si entra in una logica media; anche perché un blog a pagamento, che esageri con l'attività monetizzata finendo per diventare palesemente una bacheca di recensioni a pagamento, rischia di veder calare la credibilità e quindi l'influenza e di uscire così dal novero degli strumenti interessanti per un'operazione di PR digitali. Al momento, sul grande numero di blog esistenti, sono una minoranza i blog con questa formula (anche perché moltissimi non meriterebbero la spesa, non offrendo in cambio performance di rilievo). In maniera correlata, l'emergere di società che aggregano un certo numero di blog/blogger e li mettono a disposizione dietro compenso, pur essendo un fenomeno presente, non sembra aver (almeno per il momento) innescato una tangibile evoluzione del mercato.

In una forma meno «diretta» si possono dare vantaggi economici che non implicano necessariamente di entrare nel modello della remunerazione di un servizio. Un classico è dare un prodotto in prova e rimanere vaghi sulle condizioni di restituzione. In sostanza le aziende lasciano in omaggio i prodotti (generalmente di scarso valore, nel nostro mercato) su cui richiedono un test, senza il cattivo gusto di dichiararlo esplicitamente e puntando invece tutto su una possibile percezione del tipo «ti lascio il prodotto se tu me lo recensisci» – comportamento non funzionale dal punto di vista relazionale.

5.10 Il blogging come strumento di influenza avrà un futuro?

Una delle domande che molti addetti ai lavori si stanno ponendo, in questo momento in cui la popolarità delle PR digitali è in crescita, è se questo successo non finirà per uccidere l'efficacia dei blog come strumenti di comunicazione. Si ipotizza che la popolarità delle PR digitali presso le aziende genererà una crescente domanda di collaborazione che andrà a insistere sui blogger, specialmente su certe categorie (come vediamo accadere, per esempio, sulle già citate mamme blogger o fashion blogger). La sempre maggiore «domanda» del mercato porterà un numero crescente di blogger/influencer a considerare l'opportunità di monetizzare il proprio valore.

A questo punto si possono innescare tre fenomeni.

Il primo: l'aumento dei costi delle PR digitali. Uno dei fattori di successo di questo strumento è stato il costo zero per «lo spazio». Ovvero un costo complessivo in larghissima parte basato sulla remunerazione dell'agenzia e pochi costi vivi. Nel momento in cui i blogger inizino a chiedere di essere remunerati, l'aumento complessivo dei costi potrebbe disincentivare una serie di aziende dall'utilizzare lo strumento, spingendole a cercare altri modi di comunicare senza spendere (specialmente nel caso di aziende che vogliano di farsi le PR digitali «in casa» e per le quali l'operazione è finora stata sostanzialmente a costo zero).

Il secondo fenomeno, a fronte del successo delle richieste di remunerazione dei blogger, è che un numero crescente di blog si trasformi in testate che dedicano ampi spazi ai prodotti. Il rischio è che possano perdere il taglio editoriale di freschezza, improvvisazione, indipendenza che ne hanno decretato il successo di lettura, con un conseguente effetto di disaffezione.

Il terzo fenomeno è il rischio che il blogger entri in una logica dettata più dalla massimizzazione dei fatturati che dalla qualità del suo prodotto editoriale. Il rischio è cioè che, a fronte della disponibilità delle aziende a pagare per avere post su blog di successo, i blogger inizino a moltiplicare il numero di post dedicati alle recensioni dei prodotti degli investitori. Magari uscendo dalla propria nicchia di specializzazione per allargarsi ad altri ambiti, pur di risultare appetibili per un numero maggiore di aziende, fino all'estremo di trasformare il blog in un bollettino di prove prodotto e post magnificanti marche e aziende e di nuovo col rischio di abbattere l'interesse del pubblico a causa del crollo della qualità editoriale del loro prodotto.

#vitadablogger

Una blogger de *Linkiesta* ha ironicamente ricostruito la giornata-tipo di una blogger donna alle prese con una overdose di hastag tra campioncini da testare e panettoni da assaggiare. Si veda Serena Cappelli, «La dura vita della Donna Marchetta», www.linkiesta.it.

Non solo: è evidente che una recensione negativa di un prodotto/evento non piacerebbe all'azienda che potrebbe etichettare il blogger come «inaffidabile» (nella logica che ti pago perché tu parli bene di me); questo genererebbe un'interruzione della collaborazione tra azienda e blogger, potenzialmente abbassando i fatturati del blog. Naturale allora che il blogger/imprenditore della comunicazione possa decidere di essere molto attento a quello che dice e comunque avere sempre un approccio positivo ai prodotti degli investitori. Se a questo punto il blog si trasforma in uno strumento di propaganda basta poco perché qualche lettore incappi in un'esperienza personale del tutto difforme dalla recensione e ne parli in rete, scatenando una polemica rispetto al valore che ci si attende dal blog. Un approccio biecamente commerciale rischia insomma di far perdere utenti al singolo blog se non anche di generare la percezione che tutto il sistema dei blog non sia più «credibile».

Lo scenario delineato è volutamente più apocalittico che realistico, volendo risultare didatticamente più comprensibile, ma il fenomeno è in qualche misura già in corso. Se molti blogger potranno fare scelte economiche e rinunciare alla propria obiettività, molti altri invece sembrano intenzionati a mantenere, pur aprendosi alla collaborazione con le marche, la propria indipendenza. Il sistema ha in questo dimostra una certa capacità di auto-regolazione: a molti operatori infatti è perfettamente chiaro che il modello del «blog-marchetta» non funziona, come del resto testimonia il gran numero di blog di secondo o terzo piano che cercano di decollare per posizionarsi come media a pagamento senza riuscirci.

Va infine segnalato che il mondo del blogger sta cercando (forse) di passare da un aggregato di persone che operano in modo molto indipendente a un mondo un po' più organizzato e strutturato. Al di là di eventi e attività che coinvolgono in modo semi-informale i blogger (ne ha parlato *L'Huffington Post* nell'articolo «Professione Blogger: sveliamo i misteri di queste "creature della rete"»), assistiamo al nascere di forme di associazionismo di categoria che potrebbero (in teoria) esercitare influenza sul mercato anche regolamentandolo (si veda per esempio il caso dell'Associazione Italiana Food Blogger).

6 Le PR digitali in azione

6.1 Le tipologie più frequenti di attività

È arrivato ora il momento non solo di concentrare l'attenzione sull'analisi di che cosa si può fare con gli influencer e i blogger, ma soprattutto sul capire quali logiche, quali condizioni permettano a un progetto di avere speranza di successo; e di porre delle basi su cui sviluppare approcci, idee, operazioni che fondano strategia e creatività, che portino innovazione invece di replicare quanto già fatto più volte da altri (e che proprio per questo ha minori possibilità di «bucare» e avere successo).

Partiamo da un elenco delle tipologie più comuni di intervento – tenendo presente che le categorizzazioni e le standardizzazioni sono un modo per catalogare e capire la realtà e che la fantasia, la creatività sono determinanti per trovare nuove e più efficaci strade. La differenza tra un'agenzia (o un'azienda) di eccellenza non sta solo nella capacità di individuare gli influencer giusti, ma anche in quella di creare progetti che non si limitino a essere fotocopie di ciò che fanno tutti, tanto più oggi che di progetti con gli influencer se ne stanno facendo molti e occorre perciò sapersi differenziare.

D'altra parte, non dimentichiamolo, la semplicità è un valore e occorre evitare l'ambizione di progetti troppo complessi quando non ce ne sia reale bisogno. Detto questo, ecco dunque una lista delle principali cose che si fanno, che non pretende di essere enciclopedica ma vuole dare un quadro d'insieme e, auspicabilmente, fornire dei criteri per stabilire che cosa fare, come farlo e come generare ulteriori attività di successo.

6.1.1 *L'invio delle informazioni*

La forma più semplice di attività di PR (e quella che è stata la più «classica») è l'invio di informazioni agli influencer. Per semplificare, si tratta di qualcosa di simile a un comunicato stampa: una cartella informativa che sintetizzi la «notizia» e le informazioni necessarie (in teoria) al giornalista per scrivere un articolo che «faccia uscire» l'azienda su un mass media. Simile, ma diverso. Vediamo perché.

Nel mondo digitale, non solo il classico comunicato stampa si è rivelato uno strumento inadatto per relazionarsi con i nuovi influencer ma, anzi, ha in parecchi casi generato reazioni negative; l'equiparazione tra giornalisti e blogger (o altri influencer) non è detto sia gradita. Il tono, il linguaggio, il concetto stesso di comunicato stampa si sono rivelati inappropriati a stabilire un'intesa con gli influencer (dove, per influencer, intendiamo in termini generici tutti coloro che possono pubblicare e diffondere contenuto, informazione, a favore della nostra marca/organizzazione; che possano parlare di noi e creare opinione). Questo non vuol dire che non si possano o debbano inviare informazioni agli influencer che vogliamo coinvolgere, anzi. Ma va fatto in modo corretto, nella forma e nel contenuto.

La forma è anche cortesia (innanzitutto per non far perdere tempo) e può prevedere una chiamata telefonica o un'email che verifichi preventivamente l'interesse del blogger a ricevere quel materiale. Così si risparmiano anche inutili costi di invio di materiale a vuoto. E, con l'occasione, si approfitta per verificare che l'indirizzo di posta «fisica» del blogger (se serve) non sia cambiato, risparmiandoci ulteriori spese e complicazioni con pony e corrieri.

La forma è anche la formattazione del messaggio: fondamentale che si capisca subito qual è la storia che vogliamo raccontare e che il blogger potrebbe voler raccontare. Chiarezza, concetti espliciti, immediata comprensibilità.

Corposi allegati possono in alcuni casi essere utili – ma solo per situazioni (e per blogger) in cui illustrare la complessità dei contenuti o dare spazio a un approfondimento sia davvero importante. Molto spesso invece le storie di prodotto si possono raccontare (e meglio) in modo sintetico o visuale, attraverso immagini (attenzione! i file ad alta risoluzione sono inutili per l'online e costringono a un lavoro in più), infografiche, video, demo.

È importante fornire materiale di facile utilizzo, in modo da semplificare, per quanto possibile, il lavoro del blogger. Se chiediamo troppo impegno per riscrivere, sintetizzare, rendere il nostro testo comprensibile e interessante per il pubblico, stiamo rendendo complicato il lavoro di chi dovrebbe amplificare il nostro messaggio. E, lo sappiamo benissimo, più rendiamo complesso «farci un favore», minore è la probabilità che ce lo facciano.

Strada molto più corretta è l'invio di nuove forme di «comunicati», appositamente pensati per i blogger, per le loro esigenze, per facilitare il loro lavoro. Non testi da copia-incollare (cosa che a volta capita, con effetti discutibili) ma che diano al blogger una chiara indicazione di come potrebbe impostare il suo testo (quale stile, quale taglio…, qualche spunto di riflessione utile a stimolare anche idee differenti). Un approccio relazionale al blogger deve essere improntato al rispetto, capace di comprensione del suo mondo culturale e delle differenze che lo separano da noi.

La domanda che occorre porsi è se, per stimolare l'interesse dell'influencer e fare in modo che parli di noi, sia davvero sufficiente l'invio di materiale informativo di questo tipo o non sia invece necessario costruire un'esperienza più ricca.

Innanzitutto, come abbiamo già più volte detto, è indispensabile mettersi nei panni del ricevente e uscire da quelli dell'azienda/organizzazione, secondo la quale ovviamente è bello e buono tutto ciò che parla bene (e a lungo) della sua marca, indipendentemente dal livello di interesse e pazienza del pubblico.

Occorre poi riflettere sul fatto che la nostra comunicazione abbia alla base una vera notizia, qualcosa di atteso (per esempio il lancio di un nuovo prodotto Apple), qualcosa di rivoluzionario (per esempio il lancio dei Google Glasses), qualcosa dotato di un notevole *wow factor*, che il blogger non veda l'ora di raccontare sul suo blog e che l'influencer trovi importante discutere nella propria rete di contatti sociali. Chiediamoci anche se la notizia o il prodotto siano immediatamente comprensibili e apprezzabili, senza che ci sia bisogno di fare una prova *hands on*; se stiamo parlando di iniziative che collegano la marca a mondi emozionali di riferimento o ad ambiti che fanno fatica ad essere raccontati con una semplice email. In questi (e in altri) casi, limitarsi all'invio di materiale informativo può non essere sufficiente per innescare l'interesse e portare risultati.

6.1.2 *Il test di prodotto*

In un'ipotetica scala di complessità di progetto, il passo successivo può essere la prova prodotto.

Il più delle volte il test di prodotto viene proposto al principale scopo di fornire ai blogger materiale per i loro post, suggerendo uno spunto per costruire una storia. Naturalmente non è automatico che il blogger accetti di provare il prodotto e soprattutto di parlarne. Questo dipende da vari fattori: un prodotto nuovo e dalle prestazioni eccitanti sarà più facilmente oggetto di un post rispetto a uno tendenzialmente banale o i cui miglioramenti rispetto alla versione precedente siano marginali. Occorre poi vedere se davvero il blogger in questione sia interessato, affine al prodotto che vogliamo far testare; e se la sua linea editoriale preveda recensioni di prodotti o le escluda.

Tra fattori da soppesare può anche entrare la percezione che il blogger ha della nostra marca; se per qualche motivo è un nostro fan sarà più predisposto a pubblicarci (un esempio può essere l'appassionato blogger motociclista rispetto a una due ruote prestigiosa). Naturalmente il blogger potrà ragionare anche su quanto potrebbe convenirgli fare una prova prodotto per noi. Potrebbe ritenere che un post di questo genere sia utile per far vedere di essere scelto e coccolato da grandi marche; o per poter pubblicare un contenuto, se non proprio esclusivo, che comunque lo differenzia rispetto ad altri blogger «concorrenti». Molti blogger infatti scelgono di (o sono costretti a) riprendere o tradurre post pubblicati da blog internazionali, dando spazio quindi post di seconda mano e limitato valore (se non accompagnati da commenti o messi in relazione con altri contenuti che possano assegnare un valore aggiunto). Una prova prodotto potrebbe costituire una «notizia» di prima mano o comunque differenziante soprattutto nel caso di prodotti non banalmente disponibili, come auto e moto, vini di pregio e così via.

Un pensiero in più – E se la star non è il prodotto?

In alcuni casi è necessario sviluppare attività all'interno delle quali a giocare il ruolo da star più che il prodotto, sono uno o più oggetti, a volte un intero kit, inviati al blogger. Si ricorre a espedienti di questo tipo quando si è consapevoli che il prodotto non è di per sé particolarmente eccitante: un buon vino forse non ha bisogno di accessori, un detergente per pavimenti, invece, se vuole atterrare sulle pagine di un blog o nelle conversazioni di un influencer, ha bisogno di essere accompagnato da qualcosa (parecchio) di più.

Sintetizzando, bisogna capire come configurare strategicamente un'operazione di *product sampling/blogger testing*, decidendo per esempio:

- se sia preferibile limitarsi al solo invio del prodotto, con la proposta (esplicita o implicita) al blogger di parlarne nel suo blog, se il prodotto gli sarà piaciuto e/o se riterrà utile farlo;
- se elaborare invece un progetto di panel più strutturato attraverso cui oltre, a cercare esposizione mediatica, si vogliano ottenere feedback dalla prova prodotto, che ci consentano di mettere a punto la nostra offerta;
- se l'invio debba essere limitato ai soli blogger/influencer o possa invece essere esteso in qualche modo al pubblico, facendo diventare le «persone comuni» influencer a loro volta;

- come potrà avvenire l'amplificazione mediatica del loro parere, del loro endorsement, nel caso in cui il progetto sia mirato anche a influencer che non hanno un blog.

A livello operativo occorrerà:

- stabilire se mandare solo il prodotto o anche un dono e, nel caso, quale dono; se debba cioè trattarsi di un regalo che ha un senso rispetto al prodotto/azione che stiamo facendo o se la sua funzione si esaurisca nell'ottenere benevolenza a basso costo; o, ancora, se debba essere un accessorio utile o il classico gadget che finisce in fondo a un cassetto o regalato a figli e figli degli amici…;
- decidere, nel caso in cui il prodotto di per sé non abbia un «valore» di notizia, quale via seguire per farne parlare: quale operazione di comunicazione costruire che coinvolga i blogger, li diverta, li gratifichi, dia loro spunti di discussione (sul blog o più semplicemente sui social) introno al prodotto/marca, magari stimolando il loro ego; e se sia il caso di attribuire al dono più che al prodotto stesso il ruolo di protagonista del mailing.

Inviare ai blogger prodotti personalizzati

Una strategia ormai classica è quella di personalizzare il packaging dei propri prodotti, includendo il nome del blogger o riferimenti alla sua attività. Si veda per esempio quanto fatto da Coca-Cola con le sue bottigliette, nel racconto di Valentina Grispo («#condividiunacocacola: Coca-Cola compie 127 anni, ecco come avere la tua bottiglia o lattina personalizzata»), blogger su www.lifeandthecity.it.

6.1.3 *Il test panel*

Come anticipato, un'altra maniera di fare il testing è di costruire un progetto che non sia solo mirato a raccogliere influenza positiva ma che valorizzi l'esperienza e la competenza degli influencer al servizio del miglioramento del nostro prodotto.

Il concetto di base è semplice: se l'influencer, il blogger è noto e credibile per le sue capacità professionali, è presumibile che sia o sia diventato nel tempo un esperto del mercato in cui opera, dei prodotti di cui parla. Dovrebbe quindi rappresentare un cliente, un tester, particolarmente attento a individuare problemi e punti di forza, opportunità e aree di miglioramento, a mettere alla prova il nostro prodotto e identificare soluzioni. Insomma, un'estensione del classico progetto di test di prodotto in fase beta sul mercato, condotto però da esperti che possono anche aiutarci a raccontarlo, trasformando un'operazione prioritariamente «interna» in un'operazione che comunica (anche se, ovviamente, molte volte si tratta di product testing organizzati all'esclusivo scopo di far parlare del prodotto, di costruire notiziabilità).

Questo testing può avvenire a casa del blogger, in una location dove si possono provare i prodotti (per esempio un circuito per le auto, una strada panoramica per le moto, un sentiero per le mountain bike) o in un'area attrezzata (dal laboratorio alla semplice sala riunioni dove lavorano collaborativamente più blogger...).

Case history – Eventi fintamente esclusivi ed effetto boomerang

Un errore capitale è quello di cercare di ingannare gli influencer: l'effetto boomerang, negativo, è garantito. È quanto è successo a una marca di piatti pronti quando ha invitato un gruppo di blogger a una finta cena esclusiva che in realtà altro non era che un focus group mascherato in cui si servivano i cibi surgelati da testare. L'episodio è raccontato con ricchezza di link nel post «Chilly Reception in Multiple Courses at Sotto Terra for ConAgra» sul blog di Brand Noise.

6.1.4 *L'evento di presentazione*

Una delle attività più tipiche di collaborazione con blogger e influencer è l'organizzazione di un evento di presentazione di un prodotto e progetto.

In qualche misura è un'evoluzione della conferenza stampa, ma tende a differire molto nella selezione dei partecipanti e nello stile. Per quanto riguarda la partecipazione, non sempre è facile convincere i blogger ad assistere, non lo possiamo dare per scontato. Un giornalista, invitato a una conferenza stampa o mandato dalla testata, sta lavorando e la partecipazione all'evento fa parte delle sue attività a supporto del business del mezzo che rappresenta. È presente perché l'argomento trattato è una reale notizia che al media interessa; a volte anche perché l'azienda organizzatrice è un investitore pubblicitario importante, e si reputa utile mantenere buoni rapporti. Dato che il giornalista partecipa per lavoro, anche la scelta degli orari può essere più flessibile (comunque, dato il progressivo snellimento delle redazioni e l'aggravarsi del carico di lavoro, non è sempre facile riuscire a coinvolgere di persona nemmeno i giornalisti).

Quando invece invitiamo influencer e specialmente blogger, occorre tenere presente che di norma svolgono un'attività lavorativa differente e avranno quindi meno tempo a disposizione e minore flessibilità negli orari. Molti blogger di elevato standing sono inoltre parecchio «richiesti» agli eventi aziendali e dovranno quindi inevitabilmente fare delle scelte. È quindi utile stimolare interesse e curiosità degli invitati con azioni combinate che facciano leva sul tema/prodotto, sull'abilità nel comunicare l'invito, sullo sviluppo di attività collaterali alla semplice presentazione «di prodotto», facendo tuttavia molta attenzione a non sovraccaricare, complicare e prolungare inutilmente il programma: se il prodotto parla da solo, inutile aggiungere troppe cose.

A queste attività è spesso gradita la presenza del top management aziendale, funzionale a comunicare l'importanza attribuita sia al progetto presentato, sia ai partecipanti come partner della comunicazione.

Dobbiamo inoltre considerare due aspetti specifici nell'organizzazione di questi eventi di presentazione.

Il primo è il problema della *selezione degli invitati*. Il criterio di base è che le persone invitate siano effettivamente interessate al progetto (anche per rendere più efficiente il processo e non dover gestire un elevato numero di rifiuti o ancora peggio di «no show»). Allo stesso tempo è opportuno valutare se chi invitiamo sia davvero in grado di essere un influencer rilevante per noi. Non ha senso cercare di avere platee molto allargate, includendo troppi invitati (anche per i costi e le complessità relative), se poi le persone presenti non sono quelle che possono davvero aiutarci in un percorso di comunicazione, perché non in possesso di quelle caratteristiche e qualità di cui abbiamo parlato prima.

In questi ultimi anni abbiamo assistito a un proliferare di blog, soprattutto in alcuni settori. Il discorso della selezione si fa quindi più delicato, anche perché di norma abbiamo a che fare con risorse scarse su cui commisurare il numero di influencer che (in funzione del budget disponibile) possiamo effettivamente coinvolgere (si pensi alla dimensione della location, ai costi del catering e dei gift…). Anche se a malincuore, è inevitabile trovarsi a dover fare delle scelte all'interno di un gruppo potenzialmente ampio di persone che ci piacerebbe coinvolgere (in altri casi, per altro, il problema è opposto, ovvero come convincere almeno qualche blogger a prestarci attenzione...).

In questi casi, un approccio *old school* porta le aziende a pensare in termini di *copertura* (ovvero prediligere il coinvolgimento di blogger con audience sterminate, in base al principio che più è ampio il reach del media, maggiori saranno i risultati). Ora, se è pur vero che è meglio essere citati da un autorevole blog molto seguito che da un blog scadente con pochi lettori, il fattore meramente quantitativo presenta dei limiti molto forti.

Innanzitutto non è banale avere un'indicazione affidabile della readership dei blog. Ma, soprattutto, esistono – probabilmente per ogni settore – blog minori ma di elevata qualità, che non solo possono essere in grado, magari attraverso una serie di riprese a catena da parte dei lettori e dei lettori dei lettori, di fare veramente opinione; ma che per il loro approccio e il commitment del loro creatore si pongono come candidati al successo futuro. La qualità tendenzialmente premia e un blog piccolo che parte bene potrà diventare in futuro un blog molto importante – sempre tuttavia con la consapevolezza, in fase di selezione, che la concorrenza è forte e che le persone non hanno il tempo e la voglia di leggere un numero infinito di blog.

Il secondo aspetto riguarda l'*effetto dell'evento* – dopo, ma anche durante. Una pratica molto diffusa è quella di incentivare la diffusione in tempo reale (principalmente su Twitter, ma anche su Facebook, in misura minore su blog e Tumblr...) di quanto sta avvenendo, di quello che si sta dicendo all'evento. La logica di base dovrebbe essere quella di dare un servizio utile alle audience (nostre e dei blogger) che, a casa o in ufficio, sono impossibilitate (anche perché non invitate...) a partecipare. Questa logica si applica bene a eventi in cui vi è una diffusione di informazione interessante (si pensi per esempio al World Business Forum, evento di alto livello dove vengono regolarmente invitati un certo numero di blogger di spessore perché aiutino a fare cronaca in diretta). Viene quindi definito un hashtag per l'evento, si predispone un wifi aperto per i partecipanti (elemento ormai molto importante; specialmente se la location non è ben coperta dalla rete cellulare...), personale dell'azienda o dell'agenzia presidia l'account ufficiale e dà comunque una mano a generare messaggi, per amplificare «da dentro», attraverso un *livetwitting*, il racconto di un evento di marca.

È difficile che un'operazione di questo tipo possa provocare reazioni negative nel pubblico, anche se il suo interesse spesso non è elevatissimo. Ancora una volta, però, se la nostra marca è al centro di qualche controversia o situazione incandescente, anche questa attività rischia di fornire il pretesto per commenti negativi: fuori qualcuno potrebbe attenderci al varco, dobbiamo essere consapevoli e preparati. In alcune occasioni inoltre si usa disporre in sala uno schermo che riporti in diretta i tweet/messaggi sociali relativi all'evento in corso, contraddistinti dall'hashtag: se questo non è un problema in una situazione tranquilla, in un contesto in cui la marca sia a rischio di critiche e crisi potrebbe portare sotto gli occhi dei partecipanti che sono «dentro» l'evento gli attacchi di chi «fuori» è schierato contro l'azienda.

Case history – Livetwitting a cuore aperto

Un particolarissimo esempio di livetwitting è quello realizzato dall'ospedale Sunnybrook di Toronto, durante un'operazione al cuore. Non si è trattato, come si potrebbe pensare di primo acchito, di una trovata di cattivo gusto, quanto di un'operazione di PR digitali volta a sensibilizzare in materia di malattie cardiache. L'operazione è stata ampiamente «mediatizzata»: si veda su questo il mio post «A cuore aperto: Twittano l'operazione in ospedale. Ma c'è un perché: PR Digitali».
Sull'uso di Twitter nel mondo delle PR, interessante è l'articolo di Robert Wynne, «Twitter for Public Relations: Fact and Fantasy», www.forbes.com.

6.1.5 *La costruzione di una experience*

Il livello superiore del coinvolgimento di blogger e influencer si concretizza nella costruzione di un evento esperienziale. L'obiettivo è quello di conseguire, attraverso l'engagement che un'esperienza unica, positiva, piacevole può regalare – sia essa online (e qui siamo sostanzialmente nel campo dei social media) o, più facilmente, offline –, un coinvolgimento emozionale più forte, con tutti i vantaggi che ne derivano. Gli eventi arricchiscono il valore dell'incontro (a volte in realtà – occorre ammetterlo – cercano di supplire alla mancanza di sostanza delle proposte dell'azienda), specialmente nei casi in cui il prodotto non c'è o non può essere oggetto di test significativi (si pensi ai servizi offerti da banche, assicurazioni, utility).

Si può trattare di attività collaterali (come la visita guidata a un museo, nel caso ci sia una connessione con il tema della presentazione) o integrate più strategicamente con l'oggetto della riunione. Un esempio classico è la prova prodotto in condizioni estreme, come testare un veicolo su circuito, personalmente al volante o accompagnati da un guidatore professionista che ne metta in luce le prestazioni. Oppure si possono sviluppare progetti che prevedano di cucinare insieme, usando i prodotti del cliente committente.

In ogni caso, quanto più l'esperienza è unica ed emozionante, tanto più risulta efficace a livello di impatto e coinvolgimento (anche se non possiamo dimenticare come l'organizzazione di un'*experience* complessa abbia inevitabilmente riflessi sul budget).

Case history – Una visita emozionante alle Distillerie Fratelli Branca

Invitare gli influencer a visitare la propria azienda può essere un evento mortalmente noioso. A meno che l'azienda non abbia una storia, degli impianti, dei luoghi altamente suggestivi e possibilmente un management o una proprietà appassionata che sappia trasmettere emozioni. Fattori tutti presenti nel caso della visita che ho avuto la possibilità di fare presso le Distillerie Fratelli Branca; visita che non solo mi ha fatto scoprire la realtà di un'azienda, di un prodotto, di processi produttivi ma anche, letteralmente, di profumi di eccellenza che ignoravo, ma che è riuscita a emozionarmi al punto di farmi diventare un «fan» della marca. Si veda il mio post «Branca: quando la comunicazione" non servirebbe».

6.1.6 *Il coinvolgimento in un progetto collaborativo*

In un approccio ancora più ricco, il coinvolgimento degli influencer può passare attraverso la loro partecipazione a un progetto condiviso, di esplorazione, di costruzione. Può trattarsi per esempio di un progetto di co-progettazione di un nuovo prodotto o di esplorazione di un luogo o una nazione. L'idea è che un progetto collaborativo, di media o lunga durata, possa costruire valore per l'azienda e/o le persone, per esempio mettendo a disposizione informazioni utili a sviluppare soluzioni nuove a problemi esistenti.

I blogger possono essere coinvolti in modo esclusivo, come panel di esperti; o possono far parte di un progetto più ampio che coinvolga anche il pubblico. Possiamo parlare di co-design, di forme di crowdsourcing, magari mediate attraverso la partecipazione degli influencer. In questo caso l'efficacia del progetto è tanto maggiore quanto meno è pensato per un mero effetto pubblicitario ma lascia in eredità al pubblico una *legacy* concreta, un progetto che davvero possa aggiungere un granello di sabbia al benessere delle persone.

Case history – Insieme per il WePadProject

Un caso interessante, in cui sono stato coinvolto personalmente, è stato quello del WePadProject, in cui un gruppo misto di esperti del mondo digitale (compresi alcuni blogger) è stato selezionato da WeBank per lavorare insieme, in una sorta di *reality light*, allo sviluppo di una nuova applicazione per iPad capace di semplificarci la vita, facendoci risparmiare tempo e denaro.

Il lavoro in streaming ha permesso – ed è stato l'aspetto più interessante del progetto – l'interazione con il pubblico che ha partecipato inviando le proprie proposte. Sull'esperimento si veda il mio post «WePad project: i dettagli (partecipate numerosi)».

6.2 Alcuni punti da approfondire

Le tipologie di attività fin qui presentate vogliono essere una prima traccia, specificamente destinata a chi non abbia (ancora) un'esperienza diretta sul campo. Come sempre, il valore aggiunto di chi si occupa di PR digitali sta nella capacità di innovare, di sviluppare alternative creative (efficaci e concrete nel portare valore e nel contribuire a raggiungere gli obiettivi dell'azienda), rompendo gli schemi e, dove opportuno, proponendo soluzioni inconsuete ai problemi. Gli approcci suggeriti – e le nuove tipologie di attività che sicuramente nasceranno –possono inoltre essere combinati fra loro per un maggiore effetto, tenendo conto che lo scenario è altamente dinamico e quindi tutto ciò che siamo abituati a fare è destinato inevitabilmente a evolvere.

6.2.1 *La issue della trasparenza*

In una logica di trasparenza verso il mercato, il blogger dovrebbe rivelare di essere stato coinvolto in un'attività di test di prodotto, specialmente quando poi si trovi a parlare bene del prodotto sperimentato. In alcuni casi ciò avviene, in altri si leggono recensioni positive proposte come frutto di esperienze d'uso spontanee («mi è venuto in mente di provare il prodotto X e vi dirò, va davvero bene...»). Dato che le iniziative di *sampling* sono di norma svolte su un certo numero di blogger, è immediatamente evidente a chi frequenti la blogosfera che l'apparire di più recensioni concomitanti (se riguardanti un prodotto che non ha nessun motivo di essere recensito da più persone proprio in quel periodo) è il risultato di un'azione di comunicazione verso questa categoria di influencer; e basta che uno o due blogger raccontino come è nata la cosa per mettere in cattiva luce quelli che invece ne hanno tenuta nascosta la vera natura. Molto più onesto e credibile che il blogger racconti con trasparenza di essere stato coinvolto in una prova prodotto da parte dell'azienda (è anche gratificante, significa che l'azienda ha una buona opinione di lui e l'ha scelto per il test fra molti altri blogger), allontanando in tal modo il rischio della percezione di un'operazione-marchetta.

6.2.2 *E se la recensione è negativa?*

Capita e non bisogna farne un dramma. Del resto la varietà nelle opinioni rispecchia la realtà. I commenti negativi, poi, non sono così frequenti, anche perché spesso chi recensisce preferisce non scrivere piuttosto che parlar male di un prodotto o di una marca – non ultimo per il fatto che quando si dice «mi è piaciuto» non è generalmente richiesto/atteso lo stesso dettaglio, lo stesso portar prove di quando si dice «non mi è piaciuto».

Se invece capita di registrare un'assoluta predominanza di commenti negativi dobbiamo domandarci che cosa abbiamo sbagliato prima di prendercela con i blogger. Abbiamo sbagliato l'approccio alle persone che, pur nel loro essere diverse, si sono tutte comunemente sentite insoddisfatte o annoiate? O, più probabilmente, abbiamo sbagliato il prodotto – e quindi abbiamo ricevuto forti segnali che è ora di cambiare il nostro marketing mix?

6.2.3 *E se ci chiedono in prova i prodotti?*

Aziende e agenzie di PR ricevono spesso autocandidature da parte di (nuovi) blogger che si offrono di recensire prodotti a condizione che l'azienda li invii gratuitamente (si può vedere una raccolta di queste autocandidature alla pagina «Campioncini» su tumblr.com).

Fin qui niente di male. Non si possono conoscere tutti i blog e tutti i blogger e il fatto che si segnalino spontaneamente oltre a essere lecito può essere anche utile. Va però rilevato che in genere ad autocandidarsi in questo modo sono blog poco noti e poco letti, di qualità a volte bassa. Che operano quindi in ambiti in cui una recensione, anche se buona, può portare solo risultati modesti. Si tratta dunque di misurare lo scambio del valore e, se non proprio di misurare un ipotetico ROI, quantomeno di capire se il gioco valga la candela.

Certo, se si tratta di prodotti a basso costo o di beni digitali il cui «costo di consegna» è prossimo allo zero, si può anche decidere di fare un esperimento, una scommessa. Diverso è il caso in cui si richiedano in prova (o meglio, in omaggio) computer costosi, smartphone o addirittura motocicli e autovetture...

Un approccio «pulito» e credibile può d'altra parte essere proprio quello in cui un blogger ricerca una qualche forma di sponsorizzazione tecnica per un'impresa che intende compiere e a fronte di una fornitura si sdebita dando visibilità e recensendo il prodotto. Questo approccio può funzionare nella misura in cui il blogger è noto, credibile e soprattutto ha in progetto un'impresa interessante, che attirerà attenzione, generando valore per l'azienda con livelli di visibilità tali da giustificare la spesa.

6.3 Prima dell'esecuzione: la strategia

L'aver stilato un elenco delle «cose che si possono fare» (in realtà solo alcune, le più normali) non significa che il primo passo da compiere sia decidere quale strumento usare. Questo, anzi, è uno step abbastanza avanzato nel processo di definizione di un'attività di PR digitali.

Dare la precedenza all'esecuzione significa perdere di vista gli obiettivi, non capire più perché vogliamo fare questa attività, come essa si integri (necessariamente) in un ambito di comunicazione più ampio e articolato.

La strada corretta, come in tutti (o quasi) i progetti di comunicazione è:

- definire gli obiettivi del progetto;
- scegliere una strategia;
- definire problemi, rischi e opportunità (anche sulla base di fasi di ascolto/monitoraggio);
- definire il pubblico di riferimento: a chi dobbiamo parlare, quali sono i target;
- definire una strategia di scelta dei tool;
- definire che cosa facciamo su quale strumento;
- definire il piano dei contenuti;
- mettere in opera l'attività;
- misurazione e learning.

Il tipo di strategia e di azione che mettiamo in pista sarà fortemente diverso a seconda degli obiettivi che ci diamo, dei problemi che dobbiamo risolvere, delle opportunità che possiamo cogliere. Tra i casi più comuni di strategia[1]:

- *lancio* (marca, prodotto, attività...);
- *mantenimento*, presidio della situazione attuale, fidelizzazione;
- *evoluzione* della nostra offerta, della nostra percezione;
- *promozione* di prodotti, eventi, azioni speciali, sconti e concorsi;
- *puntualizzazione*, focalizzazione di quella che è la nostra posizione su un tema;
- *risposta* ad attacchi, critiche, obiezioni (in uno scenario non configurabile come di crisi);

[1] Per approfondimenti rimando a Venturini, Laurita, *Strategia digitale*, cit., interamente dedicato al tema.

- *dibattito*, per discutere con il pubblico dei pro e dei contro di questioni spinose, per far scoprire che ogni medaglia ha il suo rovescio e che non sempre le soluzioni sono così banali e semplicistiche come taluni affermano;
- *rivoluzione*, cambio radicale dalla nostra posizione, posizionamento, attività;
- *prevenzione* della crisi;
- *gestione* della crisi.

6.4 Cinque regole d'oro per riuscire a comunicare

Qualsiasi siano la strategia e il tipo di attività, e ovviamente la tattica prescelta, l'esecuzione deve essere all'altezza, pena il fallimento dell'operazione. Vorrei sottolineare che il titolo di questo paragrafo non è, come d'uso corrente, «per comunicare efficacemente» ma è proprio «per riuscire a comunicare», ovvero per riuscire a «bucare» quelle barriere che rischiano di rendere inefficace la nostra comunicazione, di non far breccia nella disattenzione e nel disinteresse. Ho ritenuto necessario sottolineare aspetti chiave su cui ragionare, sia in termini di come parlare con gli influencer, sia in termini di come permettere loro di parlare alle proprie audience.

6.4.1 *Notiziabilità o morte*

Quanto più ciò che raccontiamo non è scontato, ma nuovo, tanto più riusciremo a essere interessanti. Al contrario, è difficile rendere *cool* qualcosa di noto e già divulgato. Quasi impossibile riuscire a dare due volte la stessa notizia. La rapidità, il *time to market* sono spesso cruciali. Se comunichiamo una notizia due giorni dopo tutti gli altri, sicuramente attrarremo meno interesse – a meno che non lasciamo che gli altri facciano la mera cronaca e noi curiamo l'approfondimento, la riflessione, le implicazioni.

Se non siamo notiziabili, il blogger farà molta fatica a trovare una ragione per cui dovrà amplificare il nostro messaggio o quantomeno troverà difficile rendere interessante per il suo pubblico una non notizia. Se non abbiamo novità, perché comunichiamo? Che cosa vogliamo comunicare? Se non abbiamo una notizia ma vogliamo comunicare lo stesso, significa che il nostro approccio di comunicazione e specificamente di PR ha dei problemi.

Occorre poi capire *che cosa* si intende per notizia. E per *chi* un notizia è notizia. La presentazione di un nuovo modello di chitarra da parte di una casa famosa può essere una discreta notizia (solo) per gli appassionati, i musicisti,

Case history – Battibecchi digitali

Apparentemente spontanei, due casi di battibecco online, leggero e divertente, hanno generato interesse, engagement e molta simpatia nel pubblico verso le marche coinvolte, aggiungendo un fattore di notiziabilità che ha amplificato la presenza dell'argomento nella rete. Protagoniste nel primo caso Smart e Citroen, motivo del «contendere» la domanda: per l'aperitivo, due posti sono meglio o peggio di quattro? (si veda la «La Guerra dei Parcheggi» su storify.com); nel secondo caso Oasis e Warner Bros, la cui guerra, in Francia, a colpi di tweet è stata scatenata dall'uso, a ritmo di botta e risposta, di materiale iconografico dell'una da parte dell'altra e viceversa (si veda il mio post «LOL Genio! Twitter: la guerra tra Warner e Oasis: questa è Sparta!»).

il mondo del retail. Il fatto che un notissimo chitarrista, finora ambassador della concorrenza, è passato nella nostra scuderia e suonerà in pubblico con i nostri prodotti è invece una notizia ben più forte. Ma anche così difficilmente riusciremo a bucare il muro dei mass media, a farne parlare i telegiornali. Il che non è necessariamente un male: probabilmente non sono moltissimi i chitarristi (in percentuale sul totale dell'audience) che guardano il telegiornale: se anche riuscissimo nell'obiettivo mediatico, avremmo una forte dispersione. È probabile che i mezzi da cui far «coprire» – online e offline – la notizia siano altri (per copertura, efficienza e credibilità). Se però il nostro pubblico è molto allargato e universale, riuscire ad approdare sulle pagine di un quotidiano online potrebbe risultare molto utile.

6.4.2 *Saper confezionare la notizia*

Una press release lascia all'influencer o alla redazione il lavoro di costruirci attorno una notizia, attività che non tutti i blogger, per esempio, hanno tempo, voglia o capacità di fare. Se invece realizziamo un video ad alto impatto (con relativi costi e complessità organizzative) avremo noi il controllo di come la notizia potrebbe essere diffusa, disporremo anzi di un contenuto (più) notiziabile che con poco sforzo potrà essere propagato, aggiungendo valore al «mezzo» e al blogger che ne parla, con un basso impatto per lui in termini di lavoro da fare.

Se riusciremo a confezionare una press release digitale, vale a dire un'area web nella quale i contenuti sono raccolti, formattati, selezionabili secondo le necessità e gli interessi, avremo semplificato la vita a che dovrebbe usarli (o meglio a chi vorremmo che li usasse).

6.4.3 *Pensare visuale*

La capacità di condensare informazione e di renderla notiziabile attraverso un approccio visuale sembra assumere importanza crescente: che si tratti di immagini forti, divertenti; che si tratti di infografiche o di video con ambizioni virali, la qualità dell'esecuzione e del confezionamento della notizia talvolta valgono più del valore della notizia stessa. Un'immagine vale mille parole, un video forse diecimila. Da questo punto di vista allora, un occhio di riguardo, nella propria strategia social, potrebbe o dovrebbe essere dato proprio a quei mezzi che fanno dell'immagine il proprio cardine, come Pinterest o Instagram.

D'altra parte, se è vero che i contenuti visuali hanno una grande capacità di «bucare», di coinvolgere, è anche vero che non sempre sono la soluzione giusta per tutto e tutti. Se voglio trasmettere forti emozioni, il testo ha oggettive difficoltà, rispetto all'immagine. D'altra parte certe fasce di persone, per certi argomenti, potranno preferire dei testi, più facili da scorrere velocemente alla ricerca dei punti salienti. In alcuni casi quindi il video potrà essere un'opportunità, in altri un ostacolo.

6.4.4 *La noia è il peccato mortale*

È probabile che, sin dagli albori dell'umanità, con i membri della tribù attorno al fuoco a riempire le serate con lo storytelling, il narratore noioso venisse lapidato. Il seduttore soporifero ha sempre trovato difficoltà a tramandare i propri geni. E dato che la comunicazione ha molto in comune con la seduzione, il comunicatore tedioso non riesce a comunicare e a farsi comunicare. Specialmente in un mondo dove i tempi dell'attenzione si sono compressi e dove gli obiettivi limiti fisici per il nostro messaggio sono draconiani. Un tweet può contenere solo poche parole (pochissime, se vogliamo includere un link e un hashtag e magari un'immagine). Un post su Facebook più lungo di qualche riga fa fatica a passare. Un lungo post su un blog può avere successo solo se è veramente interessante, paragrafo dopo paragrafo, riga dopo riga: alla prima caduta di tensione scappano tutti. Più aggettivi mettiamo per magnificare il nostro prodotto più è palese che c'è più fumo che arrosto. Più usiamo frasi fatte, stereotipate, più è chiaro che non sappiamo o non possiamo dire le cose come stanno, con parole nostre.

Non si tratta, banalmente, di limitarsi alla ricerca di un *wow effect*. Si tratta di sapersi mettere in relazione. Di attivare sentimenti, sensazioni. Non si tratta di manipolare (se siamo eticamente corretti), quanto di far capire e apprezzare la nostra verità, il nostro reale valore. E ancora una volta, se non c'è il prodotto, la comunicazione fa una fatica maledetta a farsi credere per periodi di tempo non brevi. Le verità circolano in fretta, nel mondo della rete.

6.4.5 *Non solo wow factor, ma utilità*

Per farsi leggere (da un blogger che vogliamo parli di noi, dal suo pubblico, dal pubblico in generale) dobbiamo dare l'idea che valga la pena leggere il nostro contenuto. Il valore che diamo può essere di entertainment, di engagement, di emozione. Ma può essere anche pratico e pragmatico, essere un'informazione, un *how-to*, una recensione. Qualcosa che, se proprio non cambia la vita delle persone, la rende più facile, minimizza il rischio di fare una scelta sbagliata. Per raggiungere questo scopo ed essere davvero utili occorre indossare davvero i panni di chi ci deve leggere. Innanzitutto i panni del blogger che vogliamo coinvolgere (domandarsi perché dovrebbe darci retta, che cosa possiamo fare per lui), quindi i panni delle persone. Questo si chiama marketing e parte dal concepire un prodotto e un marketing mix e, solo dopo, una comunicazione che sia a misura degli interessi, dei bisogni del nostro pubblico obiettivo.

Dobbiamo pensare a che cosa possiamo fare per le persone (inclusi gli influencer) prima di pensare a che cosa loro possono fare per noi.

Un pensiero in più – Brand utility

Quando pensiamo a come essere utili, possiamo sviluppare una qualche forma di *brand utility*, un approccio di marketing e comunicazione basata sulla creazione di un'attività, di un servizio sponsorizzato dalla marca, che dia un servizio concreto all'utente. Può essere un contenuto, un servizio online, un luogo nel mondo reale dove trovo qualcosa che mi serve: un approccio concreto, che assicura alle persone un valore tangibile e facilmente comprensibile e che può costituire un ottimo spunto su cui creare notizie e farle girare, in rete e fuori. Un valore concreto, insomma, su cui la comunicazione e le PR possono svolgere il proprio lavoro. Per approfondire l'argomento, potete trovare i link a una raccolta di miei contributi sul tema nel già citato post «Marketing Concreto: le 5 regole per fare una brand utility».

6.5 Attenzione al budget: definirlo e comunicarlo per evitare ritardi e inefficienze

Spendiamo ora qualche parola sul tema del budget e della sua comunicazione all'agenzia o al consulente che se ne occupa: un punto che può apparire secondario ma che spesso è causa di grandi inefficienze e complicazioni.

Per chi deve sviluppare delle proposte di attività, disporre di un'indicazione di budget è condizione imprescindibile per ideare correttamente un progetto e capire che cosa davvero si possa fare. Le iniziative (e i risultati) sostenibili con qualche migliaio di euro sono del tutto diverse da quelle che possiamo elaborare con un budget di centinaia di migliaia di euro. Non è per nulla raccomandabile anteporre una «richiesta di proposte» all'agenzia, per scoprire poi che il budget indispensabile a raggiungere gli obiettivi settati è del tutto incompatibile con le nostre concrete disponibilità economiche. Anche se la tentazione di molte aziende è quella di non comunicare il budget ad agenzie e consulenti, con la speranza di ottenere offerte competitive (o risicate), il risultato è generalmente una clamorosa perdita di tempo per tutti, con la necessità di ricominciare da capo a cercare soluzioni compatibili con il budget in precedenza coperto da segreto.

Se siamo inesperti (ed è perfettamente lecito) e non abbiamo un'idea, è meglio discutere apertamente con i nostri consulenti o con esperti interni per capire quale potrebbe essere l'ordine di grandezza della spesa necessaria per avvicinare gli obiettivi che ci siamo dati; fare delle stime, delle valutazioni di massima; formulare ipotesi preliminari sulle tipologie di attività da realizzare. A fronte di una stima e prima di iniziare il lavoro – fase che può richiedere settimane o mesi – dobbiamo valutare la compatibilità di questo budget con le risorse disponibili. Se la differenza è incolmabile, è inevitabile rivedere gli obiettivi, a meno di non tagliare altri costi aziendali per investire in questa forma di comunicazione – anche perché esistono livelli minimi di intervento sotto i quali non si raggiunge la soglia critica per far succedere qualcosa, per essere visti. I progetti di PR digitali, inoltre, non vanno generalmente visti come operazioni *one shot*, che nascono, muoiono, portano effetti e vengono poi dimenticate in assenza di un supporto nel tempo. Il rischio, se così fosse, sarebbe quello di spendere poco e di non ottenere nulla, sprecando integralmente l'insufficiente budget investito. Più economico allora non effettuare l'investimento e allocare piccole risorse in piccole promozioni o offerte circoscritte, attività che però raggiungono obiettivi diversi dalla gestione della reputazione, sebbene nel breve periodo possano avere un certo effetto sulle vendite (ma non sulla percezione della marca/azienda/organizzazione).

6.6 Misurazione e KPI

Quello della misurazione è un tema spinoso. L'equivoco frequente è che se una cosa è digitale, di conseguenza è misurabile, che la misurazione abbia un senso e che si possano comparare i numeri ottenibili nella misurazione delle campagne pubblicitarie (GRP, impression, reach, OTS...) con la misurabilità di un'azione di influenza.

Dovendo essere pragmatici occorre dire che (dato che il sistema delle aziende e del loro management si basa sul settare obiettivi e misurare risultati) è sempre più improponibile proporre azioni che siano atti di fede, i cui effetti vengano a priori definiti come non conoscibili. Difficile far passare il concetto che è impossibile sapere se si è fatto bene o male, che cosa migliorare e che cosa modificare. Occorre quindi, anche solo per sottostare all'inevitabile rito aziendale della presentazione dei numeri, definire dei parametri di misurazione abbastanza oggettivi e comparabili nel tempo. Numeri che però devono aver un senso nel nostro piano, misurare un impatto, un effetto, evitando parametri astratti che non ci raccontano storie utili. Idealmente possono essere indicatori di quanto un'azione ci ha fatto vendere di più, di quanti soci, votanti, sostenitori ci ha portato. Si tratta tuttavia di correlazioni quasi impossibili da tracciare, anche perché in genere le operazioni di comunicazione sono articolate sull'uso contemporaneo di più strumenti, i cui effetti singoli sono difficili da depurare.

Premesso che ogni azienda/organizzazione e ogni caso fanno storia a sé, hanno problemi individuali e specifici, obiettivi differenti e quindi metriche diverse, possiamo stilare una lista di massima degli aspetti che può essere interessante misurare e magari settare come obiettivi, come KPI. Indispensabile però che questi numeri ci insegnino, ci facciano capire. Altrimenti restano cifre da mettere su un grafico, tutto sommato svincolate dalla realtà, da un senso, da un effetto sul business.

La raccomandazione è di prendere la lista con cautela, come strumento per stimolare una riflessione personalizzata per ogni progetto, tenendo anche conto che spesso, per misurare questi parametri, occorre predisporre in modo adeguato il progetto in fase iniziale, per evitare, a cose fatte, di renderci conto che, non avendo previsto di dover misurare alcuni fattori, questi non siano più misurabili *ex post*. E soprattutto, in assenza di benchmark standard sul mercato, imparare quali siano i valori ragionevoli da fissare nel tempo come obiettivi per il nostro specifico caso.

Ultima nota: autori (e operatori) diversi possono impiegare nomi diversi per indicare lo stesso parametro, o intendere cose diverse sotto uno stesso nome.

In attesa di una maggiore standardizzazione terminologica cerchiamo di concentrarci sul «che cosa» accettando, con una sana dose di pragmatismo, che la sua denominazione non sia esattamente quella che a noi sembrerebbe calzante.

Ecco alcuni possibili KPI da considerare:

- *numero di persone contattate dai nostri influencer*: come detto al capitolo 4, non è un numero facile da definire; sui social network possiamo in prima approssimazione usare il numero di amici e follower dell'influencer che ha parlato di noi sulle varie piattaforme; sul fronte dei blog occorre farsi dare questa informazione dall'influencer (se è disposto) o provare a ricorrere a valutazioni approssimate come quelle di Alexa, se disponibili. Per quanto impreciso, questo dato rappresenta comunque un fattore utile, in grado di fornire un ordine di grandezza alla reach della nostra comunicazione, pur non dicendoci quanto sia stata «in target» l'audience esposta al messaggio;
- *awareness* e *brand equity* (immagine di marca e valori associati): il tracciamento nel tempo della notorietà di marca e del suo percepito (informazioni in genere ottenibili solo con operazioni di market research condotte ad hoc);
- *sentiment*: una misura di questo indicatore può ottenuta attraverso il monitoraggio dello conversazioni e analizzando che cosa si dice di noi, capire se di noi si parla bene, male o in maniera neutra. In realtà è più interessante, piuttosto che analizzare solo le conversazioni «in generale», approfondire in che modo vengano «sentite» certe issue, certi argomenti specifici, certi nostri prodotti; se a livello generale possiamo essere una marca di cui si parla bene, ciò non esclude che di specifici aspetti o prodotti qualcuno parli male – e viceversa. Come quasi tutte le misurazioni, è un parametro che acquista senso e valore nel tempo; un punto isolato, un valore solo dicono poco; una linea che unisce i punti ha molto più valore, ci racconta una storia, ci dice come stiamo andando, che cosa funziona, che cosa no;
- *mentions*: misurare quanto si parla spontaneamente di noi in rete, possibilmente cercando di separare gli effetti della pubblicazione di content

da parte degli influencer e confrontandoli con quanto accade in periodi in cui non sono attive operazioni di comunicazione di questo tipo. È inoltre interessante monitorare e misurare quanto i contenuti pubblicati dai nostri influencer siano stati oggetto di ulteriori elaborazioni, di sviluppo di nuovi post basati su di essi e così via; così come comparare quanto, dove e quando si parla di noi in confronto a quanto avviene per i nostri competitor. E ancora: si consiglia di misurare la frequenza e la regolarità delle mention: si parla di noi più o meno regolarmente, o solo in occasione di certi eventi e/o in particolari condizioni? Nel secondo caso, in quali circostanze? Che cosa significa? Quali rischi e opportunità tutto ciò comporta?

- *topics*: da un punto di vista qualitativo, significa identificare i temi ricorrenti di cui si parla, anche per valutare quanto siamo riusciti a indirizzare le conversazioni;
- *critiche*: specialmente se siamo in situazioni delicate, sotto attacco, reduci da una crisi o cronicamente oggetto di critiche, è utile misurare il numero di commenti negativi, specialmente come trend, per verificare se le azioni messe in campo riescano a diminuire (e di quanto) le critiche ricevute, magari fino a rovesciare il sentiment, e analizzare quali, nello specifico, sembrino essere più efficaci allo scopo;
- *advocacy*: in maniera speculare, è importante monitorare il numero di messaggi d'amore, di endorsement, raccomandazioni, appelli a sostenerci… che stiamo ottenendo;
- *influencer più attivi*: che siano autori di commenti positivi o negativi, è utile sapere chi parla spesso di noi e che cosa dice; dobbiamo imparare a monitorarli, coinvolgerli in nostri progetti, includerli nel nostro sistema relazionale;
- *traffico* verso le nostre properties digitali (sito, blog ecc.): anche se è difficile depurare completamente l'effetto delle varie attività di comunicazione, possiamo, per esempio, attraverso strumenti di analytics, tracciare il traffico da link contenuti nei post dei blogger o negli articoli comparsi in formato digitale come risultato di una nostra attività di PR digitali;
- *ranking Google*: qui è ancora più difficile isolare l'effetto, ma possiamo vedere a livello generale come evolva il nostro posizionamento sui motori di ricerca a fronte di specifiche ricerche (tipiche, per noi interessanti) da parte degli utenti;
- *hashtag*: possiamo misurare quanto sia stato usato l'hashtag di campagna che abbiamo lanciato;

- *lead generation*: quanti e quali lead di business sono stati generati da azioni di PR digitali (per essere tracciato questo parametro richiede la progettazione di meccanismi appositi nelle meccaniche di comunicazione);
- *vendite* generate dalle nostre azioni: anche in questi caso occorre una progettazione *ex ante* di meccaniche che rendano tracciabile il dato;
- *conversioni, trial, download*: analizzare quali azioni sono generate dalle nostre attività (per esempio misurando l'attività generata da uno specifico link distribuito ai blogger per la pubblicazione).

In realtà, adottando approcci più sofisticati, possiamo aggiungere molti altri parametri da usare come KPI, in genere relativi a specifiche situazioni aziendali o comunque richiedenti know-how, impegno, lavoro e costi che non sono normalmente accessibili alla maggior parte delle aziende/organizzazioni, che ancora affrontano le PR digitali con un approccio piuttosto basico.

Da leggere

Il tema della misurazione dei risultati e dell'importanza dei dati nella definizione delle attività è da tempo oggetto di riflessione nel mondo delle Relazioni Pubbliche. Interessanti da leggere:

- *The Barcelona Declaration of Research Principles*, www.instituteforpr.org;
- «Measuring Outputs, Outtakes & Outcomes», socialwebthing.com.

7 Prevenzione e gestione delle crisi online

7.1 Che cosa intendiamo per crisi

Un altro degli ambiti fondamentali delle PR digitali è quello della gestione delle crisi che possono coinvolgere l'azienda. Crisi che sempre di più trovano nell'online uno strumento ideale di propagazione e amplificazione del danno; ma che, proprio sul digitale, hanno a disposizione strumenti di mitigazione e risposta.

Il tema della prevenzione e della gestione della crisi è un ambito squisitamente professionale, in cui è pericoloso improvvisarsi esperti, anche perché non esistono ricette preconfezionate ed è richiesta non solo una grande sensibilità ma anche una profonda conoscenza del sistema mediatico (digitale o meno), della cultura e delle abitudini della rete, nonché una solida esperienza nel gestire situazioni che possono generare danni ingenti alla reputazione e al fatturato. Un tema dunque che meriterebbe un libro a sé (e ne esistono di interessanti, specialmente nel mondo anglosassone, specialmente sul fronte delle crisi «analogiche», meno sul fronte delle crisi «digitali»).

Nella logica di visione d'insieme che contraddistingue questo libro (e anche per non mettere in tentazione chi non è esperto nell'improvvisarsi gestore di crisi), il tema sarà trattato nelle sue grandi linee, evidenziando i punti più importanti cui prestare attenzione e l'approccio da tenere, il modo di ragionare, la logica strategica da adottare; con l'obiettivo di sensibilizzare ai temi della prevenzione e di mettere in grado di operare meglio, insieme a consulenti specializzati, sia per evitare sia per gestire crisi in atto.

Che cosa intendiamo per crisi? La tentazione è di rispondere in stile anni Ottanta, citando la massima secondo cui l'ideogramma che simboleggia la crisi è composto dal termine «pericolo» sommato al termine «opportunità» (cui andrebbe aggiunto, se esistesse, il simbolo di «massima confusione»).

Il pragmatismo impone invece di guardare alla crisi (intesa nel nostro discorso come *crisi di reputazione* che colpisce l'azienda) innanzitutto come a un pericolo. Delle opportunità, nel caso, ci occuperemo dopo, anche se una crisi può davvero essere lo stimolo per un rinnovamento e un nuovo successo dell'azienda.

La crisi è un evento – o concatenarsi di eventi – che danneggia la reputazione di un soggetto e che può mettere in difficoltà la sua capacità di svolgere efficacemente il proprio business (nel caso di un'azienda) o di portare avanti le proprie attività (nel caso di un'organizzazione); un evento quindi che può rendere più difficile raggiungere i nostri obiettivi a breve termine e, al limite, mettere in dubbio che cosa saremo (e se saremo) nel lungo periodo.

La crisi è l'insorgere di un movimento di opinione negativo, contrario all'azienda, all'organizzazione, al personaggio. È l'innescarsi di conversazioni antagoniste, di attacchi, spesso di insulti.

Nel mondo social contemporaneo, spesso si definisce «crisi» lo sberleffo, l'*epic fail*. Che, per assurdo è normalmente meno grave di un fail semplice: aver sbagliato un apostrofo, aver fatto una campagna pubblicitaria sfortunata certamente non fanno del bene; dimostrarsi incapaci nel gestire i social network e relazionarsi con le persone certamente ossida la nostra immagine e mette a nudo le nostre carenze. Ma sono anche aspetti che si riescono a dimenticare relativamente in fretta e che spesso passano in secondo piano nella testa delle persone se, per esempio, siamo meno costosi dei nostri diretti competitor. Ben diverso è invece quando a emergere è il fatto che il nostro prodotto è contaminato, dannoso; che abbiamo complottato contro le persone, magari facendo cartello per tenere i prezzi alti, che sapevamo di mettere in pericolo qualcosa o qualcuno ma l'abbiamo taciuto per non danneggiare i nostri profitti; che siamo scorretti con i dipendenti o che abbiamo violato leggi. A questo punto potremo anche avere il prezzo più basso, ma i clienti si pongono delle domande. In fondo molti si sentono a disagio nell'acquistare da un'azienda che si sa essere «cattiva».

In realtà esiste un intero spettro di possibili tipi di crisi: ci sono crisi «universali», dove non ci sono scuse, non ci sono dubbi, l'azienda è stata sorpresa con le mani nel sacco. Ci sono crisi «segmentanti», dove qualcuno crede a una tesi e qualcuno no, dove girano sospetti, ci si schiera in opinioni contrapposte, si grida alla bufala, si denuncia il complotto. E ci sono le crisi «striscianti», quelle in cui non succede nulla di eclatante ma, di fronte a critiche che ogni giorno, goccia dopo goccia, appaiono davanti ai nostri occhi, si insinuano il dubbio e poi la diffidenza.

Da un punto di vista più formale, possiamo definire come *crisi reputazionale* un «evento» che possa significativamente alterare la percezione di una marca/azienda/organizzazione, presso parte del suo pubblico di riferimento e degli stakeholder, degli influenzatori, di tutte quelle figure che a livello politico, economico, di generazione di opinione possono intervenire alterando le attività, le regolamentazioni, le vendite… danneggiando le possibilità di raggiungimento degli obiettivi, anche economici. Attraverso l'uso dei media digitali una crisi reputazionale può rapidamente e senza preavviso (o con preavviso ridotto) raggiungere ampie fasce di popolazione, con il rischio che i «lettori» si facciano attori, propagando ulteriormente le ragioni dei detrattori e aggiungendone di proprie – sostanzialmente trasformandosi in influencer negativi, spesso con elevati livelli di emotività.

Da leggere

- Suzanne Woolley, Ben Steverman Bloomberg, «The Top 10 Reputation Crises of 2013», www.bloomberg.com;
- Joe Mont, «10 Disastrous PR Moves by Companies», www.mainstreet.com

7.2 Che cos'è una crisi «digitale»

Una (vera) crisi «digitale» è tipicamente connotata da una serie di fattori:

- determina un serio rischio di impatto sui conti economici dell'azienda, anche in dipendenza del danno reputazionale sofferto;
- si svolge (almeno nelle sue fasi iniziali) sui mezzi online, sui social, blog, testate online con un'esplosione e un'amplificazione delle conversazioni negative online; con un possibile successivo allargamento a mezzi di massa «tradizionali»;
- coglie di sorpresa l'azienda;
- richiede tempi di risposta rapidi, con l'obiettivo di arrestarne o minimizzarne la diffusione;
- rischia di lasciare strascichi di lunga durata: la rete non dimentica, contenuti negativi che ci riguardano possono essere reperiti online ancora dopo molto tempo.

Un pensiero in più – Le crisi non nascono perché abbiamo una pagina Facebook

È importante capire che le crisi nascono indipendentemente dal fatto che un soggetto sia presente e attivo online. Non è pensabile per esempio che una crisi sia scatenata perché l'azienda ha una pagina Facebook – salvo che l'azienda non abbia pubblicato qui dei contenuti che hanno causato una levata di scudi. A creare problemi non è cioè il fatto che *siamo* sui social network, ma ciò che su di essi *facciamo*. La crisi non si scatena perché abbiamo una presenza sui social media; e se qualcuno lo pensa è perché, scoppiandoci la crisi «in casa», riusciamo a vederla molto prima e molto meglio, per esempio dai commenti velenosi sulla nostra pagina Facebook.
Se la gente si deve sfogare, criticare, attaccarci, lo farà volentieri (anche) nei nostri spazi, in modo da poter parlare «direttamente» con noi. Questo potrà fortemente infastidire il management, che riterrà essere attaccato «in casa propria». D'altra parte, se le persone hanno qualcosa da dire, delle verità da svelare, lo faranno comunque, in altri luoghi della rete. In posti che l'azienda (se non ha un sistema efficiente di ascolto e monitoraggio) non riuscirà a vedere, col risultato che difficilmente potrà cogliere l'insorgere della crisi. Invece di accorgersi subito del problema e affrontarlo quando ancora è di dimensioni ridotte e facilmente gestibile, può ritrovarsi a scoprire una crisi che, in corso da giorni, è stata alimentata da discussioni, contributi, false informazioni. È magari è già arrivata anche sui mass media. A quel punto l'incendio è in corso e l'intervento sarà più complesso e costoso.

7.3 Ma è davvero una crisi?

Ci sono aziende che si rendono conto di trovarsi nel bel mezzo di una crisi solo quando la notizia è già finita sui giornali e in televisione. Ci sono per contro aziende/organizzazioni che hanno un approccio più paranoico e vedono una crisi dietro a ogni evento che non sia più che positivo. Se anche è corretto avere molta attenzione e valutare ciò che succede, domandandosi se da un piccolo seme non possa nascere una foresta, va anche considerato che ci sarà sempre una certa percentuale di negatività nei nostri confronti (è un fenomeno fisiologico) ma che solo raramente questi commenti, attacchi, frecciate si possono configurare come «crisi». Attenzione dunque che a trattare come una crisi ciò che in realtà è un «non evento» si rischia di innescarla noi, questa crisi.

Se la crisi è un fenomeno che può davvero influire negativamente sulla nostra reputazione, allora dobbiamo valutare caso per caso se e come reagire, partendo innanzitutto da un assessment del rischio. Anzi, decidendo se esiste davvero un rischio. Facciamo qualche esempio.

Su Facebook una persona commenta dicendo che il nostro amministratore delegato è un cretino. È un insulto e come tale viola le regole che dovrebbero gestire la conversazione sui social network. Probabilmente conviene rimuovere il commento e la cosa finisce lì.

Se invece una persona dice in rete che il nostro gelato fa schifo, è meglio non rimuovere il commento: sarebbe un atto di censura e non è il caso. Non solo non è bello filtrare i nostri social in modo da far vedere solo giudizi positivi, ma probabilmente in casi come questo un parere negativo non è nemmeno un vero problema. I gusti alimentari sono personali e se mediamente il nostro prodotto piace (specialmente se la gente lo dice) allora anche una recensione non favorevole ci può tranquillamente stare. E non è una crisi.

Può succedere che a qualcuno non piaccia la nostra pubblicità. Potrà ferirci, ma è un'opinione, non un problema di per sé: se lo spot non farà vendere, difficile sia a causa di ciò che qualcuno ha detto in rete. Non confondiamo il sintomo con la malattia. Meglio lasciar perdere piuttosto che rispondere con una banalità come «eh, certo non può piacere a tutti...».

Può capitare anche che venga etichettata come *epic fail* una nostra attività di comunicazione non andata come previsto. Contro l'evidenza c'è poco da fare: se abbiamo sbagliato, meglio ammetterlo, piuttosto che assumere una posizione oppositiva e trasformare un'occasione di sbeffeggiamento in un muro contro muro tra noi e le persone. Da un confronto di questo tipo, infatti, in genere escono vincitrici le persone, se non altro perché in rete riescono a mobilitare più risorse e fare più rumore di noi. Magari ce la possiamo cavare con una battuta (se nel nostro DNA c'è la simpatia) o ignorare la cosa, visto che alla fin fine non possiamo dare una buona risposta.

Diverso è il caso in cui più persone si lamentano perché giudicano la nostra pubblicità offensiva, discriminante, incitante a comportamenti scorretti. E iniziano a moltiplicarsi gli appelli a un boicottaggio dei nostri prodotti. La bolla può sgonfiarsi da sola, oppure ingigantire. Nel dubbio, meglio attivarsi.

Supponiamo invece che qualcuno dica che il nostro prodotto gli ha causato un'intossicazione alimentare. In questo caso la denuncia è più rischiosa e bisogna attivare subito un intervento, perché potrebbe nascerne una crisi grave, fomentabile da qualche mass media che ne approfitta per gridare allo scandalo, collegandola magari ad altre nostre magagne del passato per imbastirci una storia. Da un lato occorre immediatamente far vedere a chi legge che ci siamo subito mobilitati per capire che cosa possa essere successo. Dall'altro valutare la veridicità dell'affermazione. E poi gestire appropriatamente la cosa (a seconda del contesto, della nostra storia…: non esistono soluzioni che vadano bene per tutti in tutti i casi).

7.4 Attenzione a non innescare la crisi con una nostra reazione

Occorre sempre muoversi con cautela. Dare energia, alimentare un fenomeno che di per sé è piccolo e non interessa a molti, rischia di attirare attenzione e di innescare una diatriba più ampia. Qualcuno, che inizialmente aveva trovato la cosa irrilevante, di fronte a un battibecco tra azienda e persone potrebbe decidere di interessarsene e partecipare. Qualche blogger o giornalista potrebbe vederci nascere una storia da raccontare. Ancora peggio, ed è un tipico esempio di innesco di crisi, il caso in cui si reagisca duramente e fuori luogo, insultando le persone e mettendo in dubbio la loro onestà, la loro intelligenza. Un recente esempio significativo: un ristoratore riceve un commento negativo in rete. Una donna si lamenta che la pizza del ristorante non viene fatta come piace a lei, è troppo alta e soffice. Di per sé niente di grave, ci sono in fondo tanti modi di fare (e preferire) la pizza. Il ristoratore però reagisce insultando la donna, in tono aggressivo e affermazioni del tipo «ma cosa vuole capirne lei di pizza, rispetto a me che sono vent'anni che la preparo?». Da un problema quasi irrilevante si innesca in rete una reazione che nasconde un problema vero: lo scarso rispetto verso i clienti, l'inutile aggressività. E se potremmo anche pensare di andare in quel ristorante e non ordinare la pizza, probabilmente eviteremo del tutto di frequentare un locale il cui proprietario è aggressivo verso la clientela.

Case history – Quando la crisi mette le ali

Forse il caso più famoso di crisi digitale. Nel 2008 un musicista ha la brutta sorpresa di scoprire che la sua chitarra da 3.500 dollari, stivata su un volo United Airlines, è stata gravemente danneggiata. Cerca di ottenere un rimborso, la compagnia aerea si rifiuta. In altri tempi la faccenda sarebbe probabilmente finita lì; nell'era digitale, invece, il musicista scrive una canzone che narra l'accaduto e posta il video su YouTube. In meno di due mesi, il video viene visto da oltre cinque milioni di persone, esposte alla narrazione della scorrettezza dell'azienda. Dopo molti mesi, lunghe polemiche anche sui mass media (che riprendono la notizia), infinite discussioni e critiche in rete, la compagnia aerea delibera un rimborso di 3.000 dollari. Il danno alla reputazione subito dall'azienda è invece stimato in una

perdita di molti milioni di dollari. Non solo per le mancate vendite generate dalla polemica ma anche perché, nel momento in cui la crisi ha iniziato a dispiegare le proprie ali, il titolo ha subito un contraccolpo negativo del 4% in borsa, bruciando oltre 180 milioni di dollari di capitalizzazione. A distanza di anni, gli effetti della crisi si sentono ancora: il video originale e i suoi sequel hanno totalizzato oltre 17 milioni di *views*; dall'accaduto il musicista ha tratto un libro e la case history è stata ripresa innumerevoli volte da media specializzati, generalisti e programmi televisivi. Da notare che, in seguito all'incidente, il proprietario della chitarra è diventato uno speaker molto richiesto (e retribuito) in eventi aziendali focalizzati sul tema del *customer service*. Per i dettagli della storia, raccomando la lettura della voce «United Breaks Guitars» in *Wikipedia*.
Sempre in tema di *PR crisis* in ambito aeronautico, si veda il mio post «Incubo PR in Alaska: la famiglia colpisce duro».

Riprendendo gli esempi del paragrafo precedente, rispondere a chi critica design e usabilità del nostro sito con un «Lei è il primo che si lamenta» (un caso del genere mi è capitato personalmente) sposta il problema dal gusto personale all'arroganza dell'azienda e rischia di danneggiare la percezione che gli altri hanno di noi. Negare a priori, con violenza, che il nostro prodotto possa avere dei problemi e far intendere che non riteniamo sia il caso di controllare può innescare seri dubbi sulla nostra serietà e l'affidabilità.

In sostanza, ci sono molti modi in cui l'azienda può sbagliare la reazione, ma sostanzialmente i più pericolosi sono:

- ingigantire un piccolo evento non significativo;
- aggredire, insultare, mostrare scarso rispetto per le persone;
- rispondere con eccessiva prosopopea, prendendosi troppo sul serio;
- rifiutare a tutti i costi, anche contro l'evidenza, di ammettere che abbiamo sbagliato.

Case history – Il Failcamp di Cynar

Quando Cynar ha commesso un errore nella gestione dei canali social ed è stato bollato con la temuta etichetta di *epic fail* è riuscita a recuperare piuttosto bene, evitando di negare l'errore o di difendersi a oltranza. Ha anzi convocato una serie di esperti della rete per discutere, in un *hangout*, dell'errore e di come usare bene gli strumenti sociali. L'iniziativa ha ottenuto una discreta copertura e positive reazioni, spesso anche da parte di quegli stessi che avevano duramente dileggiato l'azienda. Per dettagli si veda il mio post «Il Cynar #Failcamp».

7.5 La valutazione della crisi

Il processo di valutazione della crisi è uno strumento di grande importanza per guidare le azioni da intraprendere (o l'astensione dal reagire). La crisi, per sua natura è un fenomeno dinamico; che possiamo fotografare nel suo stato attuale ma di cui dobbiamo anche cercare di prevedere i possibili sviluppi.

Dobbiamo innanzitutto valutare la *dimensione* della crisi da fronteggiare (anche per decidere, magari, che non è in realtà una crisi). Quanto sono diffuse le conversazioni online negative? Dobbiamo confrontarci con pochi commenti negativi che sembrano suscitare poco interesse e nessuna reazione? Le negatività si concentrano su un paio di blog poco seguiti? Oppure su Facebook e Twitter, su blog e forum sta montando la marea, le persone si scatenano a criticarci, è già stato coniato un hashtag che caratterizza le conversazioni e magari è anche già finito in trending topic su Twitter? Ne stanno parlando i mass media, si è arrivati a un'interrogazione parlamentare...?

Ricordiamo che per capire la dimensione del problema (e prendere decisioni sensate) occorre monitorare le conversazioni che si svolgono in rete, misurarle, valutarle. Come abbiamo visto alla fine del capitolo precedente, se non si è già messo in opera un sistema di monitoraggio, prima della crisi, si perde tempo prezioso, non riusciamo rapidamente ad avere quel set di informazioni estremamente rilevante per decidere quale reazione adottare.

7.6 Autorevolezza delle fonti

Al di là di un semplice «quanti ne parlano», è cruciale capire chi ne parla; l'impatto, l'influenza esercitata dalle fonti è correlata alla loro notorietà e credibilità. Anche in questo caso, poi, tutto è relativo e dipende da opinioni personali, posizioni politiche, desiderio di veder confermate le proprie posizioni. In sintesi, dobbiamo valutare tanto più grave una crisi quanto più autorevoli sono le fonti che la alimentano; e si ripropone il tema della mappatura delle fonti, di sapere come funziona il nostro mercato, quali sono le voci davvero influenti.

Attenzione a non sottovalutare le competenze di coloro che ci attaccano. Spesso ci misuriamo con antagonisti abili, organizzati e che da un lato sanno usare bene (anche meglio di noi) gli stessi strumenti di generazione di opinione attraverso la rete ai quali facciamo ricorso, dall'altro sanno e possono essere più aggressivi, rapidi e flessibili di noi.

7.7 Come nascono le crisi

Le crisi possono avere molte origini. Tipicamente derivano da azioni scorrette, imprudenti o inappropriate da parte dell'azienda. Da rivelazioni fatte da fonti interne, per interesse «politico», per leggerezza o per vendetta. Oppure da giornalisti, opinionisti, esperti che scoprono lo sporco sotto il tappeto. Possono nascere da attacchi di parte, da falsità e manipolazioni al servizio di avversari. Ma anche da incidenti che riguardano i nostri prodotti (di cui possiamo essere più o meno responsabili). In ogni caso, se una crisi colpisce un'azienda, spesso l'opinione pubblica (o perlomeno quella parte di essa che si esprime in rete) sembra voler giudicare l'azienda colpevole a priori, imponendole l'onere di provare la propria innocenza.

Qui la prevenzione gioca un ruolo insostituibile: come già anticipato, un'azienda dalla reputazione solida potrà godere di un maggiore beneficio del dubbio. Se le persone troveranno poco credibile l'attacco, forse verificheranno meglio le accuse prima di condividerle in rete aggiungendo insulti; saranno più pronte a credere alla nostra «innocenza»; magari si faranno parte diligente nello smontare bufale e diffamazioni che circolano su di noi. Qualcuno, persino, ci difenderà. Al contrario, se godiamo di una fama che non è al di sopra di ogni sospetto, attacchi giustificati o ingiustificati troveranno terreno fertile per propagarsi e farci danno.

Le crisi si sviluppano tipicamente per fasi. Provando a descriverle, con un occhio alle specificità del digitale, possiamo ipotizzare una sequenza «da manuale».

7.7.1 *Innesco*

Una notizia compare su un blog, su un social. Può essere una denuncia. Oppure un contenuto che mette in luce un problema, un nostro comportamento scorretto. Può essere un attacco nei nostri confronti, supportato o meno da prove. Può essere l'incredulo messaggio di una persona che ha scoperto qualcosa, ha avuto una cattiva o pericolosa esperienza con un nostro prodotto e chiede conferma se altri abbiano sperimentato la stessa cosa; o forse una persona che in maniera ilare e irridente segnala un nostro errore, catalogandolo come *epic fail*. Può essere un blogger o un social influencer (ma anche una persona qualsiasi) che riporta, ridiffonde, un contenuto trovato in rete in un'altra nazione (e questo ci fa riflettere che le crisi rischiano di non avere più confini geografici... anche se la lingua costituisce tuttora una certa barriera). Può essere che qualcuno, senza prendersi la briga di verificare, porti avanti una bufala che ci riguarda, magari aggiungendoci odio, livore, messaggi inneggianti al boicottaggio del nostro prodotto. E purtroppo può essere colpa nostra, che commettiamo uno scivolone di comunicazione, spesso in buona fede ma con molta goffaggine, lanciando messaggi che ci scoppiano in mano.

Nella maggior parte dei casi, comunque, la cosa si sgonfia subito; la notizia non interessa nessuno o quasi e quindi non viene ripresa. E quindi la potenziale crisi non s'innesca e tutto finisce lì.

Case history – Butterfly effect

Il *real time marketing* ci suggerisce di cogliere al balzo gli eventi per girarli a nostro favore, o come minimo per costruirci sopra una comunicazione divertente. Ma nel caso si tratti di eventi quali i terremoti o gli uragani, prima di scherzarci sopra è meglio controllare che non ci siano morti, feriti o danni gravi, pena l'insorgere di una (meritata) crisi, come negli esempi raccolti da Simone Serni sul suo blog («The butterfly effect nel social media marketing»).

7.7.2 *Espansione*

Ma se la cosa interessa, stimola l'orgoglio o la sete di vendetta di qualcuno, crea indignazione, tocca aspetti valoriali o si collega a negative percezioni precedenti della marca, la crisi può trovare spazio per crescere. Viene ripresa da un certo numero di persone, ritwittata, condivisa su Facebook. Magari un blogger ne vede un'idea interessante per un proprio post (auspicabilmente cerca di trovare conferme, verificare ma anche arricchire la storia), ne parla sul proprio blog e fa sapere attraverso propri canali social che ha pubblicato una storia interessante che ci attacca, facendo partire un altro giro di condivisioni online. Altri blogger leggono il post, lo trovano a loro volta interessante, decidono di salire a bordo scrivendo ulteriori altri post che commentano, integrano, discutono, ampliano il post del primo blogger... e così via.

Interessante notare che, a meno che qualcuno non pubblichi qualcosa sulla nostra pagina Facebook o ci coinvolga in un messaggio su Twitter (o su altri social) e noi non abbiamo attivo un monitoraggio che scansioni con regolarità quel che di noi si dice, rischiamo di non esserci ancora accorti che è partita una crisi. Il fuoco si è acceso, inizia a strisciare nella prateria, si allarga, pian piano o velocemente... il tutto invisibile ai nostri occhi perché, in realtà, non stiamo guardando. Peccato, perché intervenendo in questa fase forse riusciremmo a spegnere senza troppi problemi le fiamme, specialmente se la ragione è dalla nostra parte.

7.7.3 *Esplosione*

A questo punto il volume dei commenti cresce rapidamente. Montano la rabbia e l'indignazione, o lo sberleffo e la presa in giro. Si moltiplicano i contributi, diventiamo oggetto di satira e decine o centinaia di utenti dei social fanno a gara a chi inventa la battuta, la vignetta, il video più graffiante nei nostri confronti. Partono raffiche di insulti contro di noi, il popolo ride a crepapelle e domanda la testa dei nostri manager (o si infuria e si augura che l' azienda chiuda e che tutti i dipendenti – ancorché in larga parte incolpevoli – vengano licenziati). Qualcuno crea un hashtag su Twitter (e non solo) che identifica l'argomento ed entra in trending topic. Qualche giornalista nota l'incendio, ci scrive un pezzo di colore o di dura critica su un giornale, le riviste lo riprendono, i video di dileggio vengono pubblicati nelle visitatissime pagine dei video «divertenti» dei principali quotidiani online e/o viene ripreso in un qualche programma televisivo. Se ne parla alla radio, un politico ostile chiede un'interrogazione parlamentare, arrivano i quattro cavalieri dell'Apocalisse e i sette del Signore degli Anelli.

La crisi è esplosa e a questo punto ce ne accorgiamo. Magari perché all'amministratore delegato va di traverso il caffè mentre legge il quotidiano al mattino presto, scoprendo che la sua azienda è in mezzo a una burrasca. Da ore, o da forse giorni. E nessuno se n'era accorto, nessuno ha agito, forse nessuno è pronto e preparato per reagire.

Scatta il panico, telefonate furiose, saltano i nervi. Se i piani di risposta non sono pronti, se non c'è nemmeno una cultura aziendale predisposta e formata a gestire le crisi, si omette di fare l'unica cosa sensata (coinvolgere un consulente esperto che guidi il team per spegnere l'incendio). Presi dall'ansia e dalla rabbia, amministratore delegato, direttore marketing, responsabile comunicazione e magari una serie di middle manager e impiegati di ruolo partono lancia in resta a dare la loro risposta in rete. Ognuno per conto proprio, senza consultarsi. Naturale allora che queste risposte siano tutte diverse e contraddittorie. E che magari un paio contengano minacce, insulti o siano comunque fortemente ruvide nei confronti di chi sta attaccando l'azienda.

Le persone notano le risposte, le raccolgono in un documento unico (uno storify, un post su un blog, una collezione di screenshot pubblicati su Facebook...) mostrando al mondo che se la crisi originaria in fondo non era tanto grave, la nostra reazione scomposta l'ha resa una cosa seria. Si sottolinea la nostra schizofrenia nel rispondere. La nostra maleducazione indigna e può generare un secondo stadio di crisi più forte di quella originaria. Specialmente se la prima crisi era uno di quegli epic fail su cui si ride per qualche giorno (non più di due o tre) e che poi passa nel dimenticatoio.

Insomma, la crisi si sarebbe potuta esaurire da sola, noi invece siamo intervenuti con l'artiglieria pesante e abbiamo anche offeso qualche persona, abbiamo dimostrato violenza e arroganza e che non sappiamo ammettere sbagli (magari piccoli...). A questo punto il rischio è che tutti si affrettino a sottolineare che non siamo solo sciocchi ma anche antipatici, che non abbiamo capito come si tratta la gente, che siamo un'azienda negativa; e magari per mesi (si è visto più volte) ci saranno persone che si daranno come missione quella di farci male – e a ogni occasione, con ogni pretesto parleranno male di noi in rete, in modo da rendere più difficile un ristabilimento della nostra reputazione.

Certo, ho un po' calcato la mano, non tutte le crisi (anzi, relativamente poche) esplodono così, facendo così tanti danni. Ma capita. Può capitare. Anche a noi. E può farci molto male.

7.7.4 *Plateau*

A un certo punto la gente si stuferà e passerà ad altro. Resterà forse un certo numero di persone che continueranno a parlare di noi, ma all'atto pratico assisteremo a una stabilità del numero di messaggi. L'incendio smette di espandersi. A meno di ulteriori avvenimenti (incluse nostre reazioni inappropriate), tendenzialmente si dovrebbe lentamente assistere a una decrescita del rumore.

7.7.5 *Decrescita e dopo terremoto*

Sempre in questa ipotesi, pian piano (o rapidamente, dipende) le persone iniziano a disinteressarsi della storia, a non aver più voglia di aggiungere commenti, di ridiffondere nuovi post e nuovi tweet sul tema... la vicenda ha stufato, si passa ad altro. L'azienda colpita viene lasciata nel caos post terremoto, con magari ancora qualche scossa di assestamento, a fronteggiare i danni. Già perché se anche le conversazioni in rete che ci attaccano progressivamente si spengono, il danno resta; nella reputazione, nella percezione che le persone hanno di noi.

7.8 Come ci si prepara alle crisi

La prima regola è evitarle. Quindi mettere a punto il proprio prodotto e il marketing mix. Identificare e risolvere i problemi. Operare aggressivamente per la soddisfazione dei clienti e la risoluzione dei problemi. Dopo di che occorre preparare un terreno favorevole a noi e sfavorevole alle crisi. Essere amati dal pubblico, stimati e rispettati. Costruirsi una solida e positiva reputazione. Costruire un'opinione pubblica favorevole, pronta a schierarsi dalla nostra parte e attutire l'impatto della crisi online, con l'espressione di voci positive. Coltivare la relazione con gli influencer, in modo da poter usare credibilmente la loro influenza in caso di crisi, perché credono in noi e sono dalla nostra parte.

Fatto il nostro meglio per prevenire, occorre prepararsi ad affrontare al meglio eventuali crisi che possono comunque insorgere. Ogni azienda, in funzione della sua struttura e della sua cultura, dovrà trovare un proprio specifico modello, ma in linea generale gli step necessari per farsi trovare preparati sono:

1. stabilire che prevenire e prepararsi a una crisi è una priorità aziendale;
2. avere l'endorsement del management, instaurare una cultura di preparazione alla crisi (non è un *nice to have*, è un compito e una responsabilità assegnata);
3. definire un responsabile, un team, assegnare un budget per essere pronti in caso di crisi;
4. valutare la selezione di un'agenzia o di un consulente specializzato che guidi l'azienda/organizzazione e la aiuti a prepararsi;
5. individuare le aree di rischio: su che cosa potremmo essere attaccati, che cosa potrebbe andare storto, quale scheletro potrebbe uscire dall'armadio (ricordandosi di mantenere aggiornata la lista);
6. valutare la gravità potenziale di una crisi per ognuno di questi aspetti (danno reputazionale, tipo e numerosità delle persone coinvolte, ripercussioni a livello legale, di rapporti con stakeholder, enti locali, normativi e regolatori ecc.);
7. dare la priorità alla preparazione di procedure per le crisi che potrebbero fare più danni e per quelle più probabili;
8. per ogni area di crisi individuata, studiare i possibili attacchi e le possibili risposte; preparare e raccogliere i materiali utili per rispondere;
9. identificare preventivamente (in base al tipo di crisi che ci possiamo attendere) quali blogger, giornalisti online, influencer, gestori di forum possono essere importanti, ascoltati e credibili da parte di un'opinione pubblica che cerca risposte e informazioni; definire la lista (e mantenerla aggiornata);
10. se possibile, iniziare a instaurare relazioni con loro, in modo da costruire una percezione favorevole: al momento del bisogno sarà più facile e veloce contattarli e cercare di coinvolgerli e se già ci conoscono, se già

hanno una buona opinione di noi (basata su relazione e informazione che risale indietro nel tempo) è possibile possano essere una fonte influente a nostro favore nel momento critico;

11. definire e stilare materiali di risposta preconfezionati, se opportuno (da mettere a punto e aggiornare allo scoppio della crisi); decidere chi risponderà e come, quali azioni verranno attivate allo scoppio della crisi e includerle in un piano sufficientemente dettagliato (e scritto!); indicare chi dovrà agire nel caso le persone delegate siano irraggiungibili o non disponibili (per questo un piano scritto sarà importante, il «delegato» potrebbe non aver partecipato alle fasi di preparazione delle risposte);
12. valutare, nel caso ci si attenda o si tema una crisi complessa e pericolosa, di realizzare *dark sites*, siti web pronti e contenenti la nostra posizione, le nostre risposte, i materiali utili per l'opinione pubblica: un sito pronto ma non online, che in poche ore o in pochi minuti si possa aggiornare e pubblicare, per reagire in tempo quasi reale;
13. pensare a un supporto SEO per aiutare la diffusione dei contenuti positivi da noi generati, in modo da controbilanciare quelli negativi;
14. implementare un sistema di *early warning*, un monitoraggio della rete, con apposite parole chiave, che ci possa allertare quasi subito all'insorgere dei primi messaggi che temiamo;
15. fare formazione in azienda: specifica di gestione della crisi (includendo se possibile simulazioni guidate da un docente esperto) per il team che dovrà affrontarla; più generale per fasce allargate di dipendenti (soprattutto per evitare che in caso di crisi ognuno reagisca per conto proprio, con cento voci dissonanti e dicendo cento cose diverse in difesa dell'azienda), su che cosa evitare per innescare crisi, che cosa fare (e soprattutto non fare) se la crisi scoppia;
16. specialmente in caso di crisi, rafforzare il concetto che l'azienda deve parlare con una voce sola e che, salvo diversamente specificato e previo apposito training, la voce deve essere quella del management; può sembrare poco social ma è l'unica maniera per evitare che dipendenti volenterosi ma inesperti (e magari all'oscuro di aspetti importanti) inneschino peggioramenti della crisi cercando di risolverla «alla buona»; il supporto dei dipendenti è importantissimo ma è meglio se si esercita quando la crisi non c'è, piuttosto che quando siamo in emergenza ed è meglio lasciar lavorare solo i professionisti.

Da leggere

Tra i libri e i blog che godono di maggiore reputazione nel campo delle PR di crisi, possiamo citare:

libri

- Jane Jordan-Meier, *The Four Stages of Highly Effective Crisis Management: How to Manage the Media In the Digital Age*, London, CRC Press, 2011;
- James E. Lukaszewski, *Lukaszewski on Crisis Communication: What Your CEO Needs to Know About Reputation Risk and Crisis Management*, Brookfield, Rothstein Associates, 2013;
- Eric Dezenhall, John Weber, *Damage Control: The Essential Lessons of Crisis Management*, Westport, Prospecta Press, 2011;
- Jonathan Bernstein, *Manager's Guide to Crisis Management* (Briefcase Books Series), New York, McGraw-Hill, 2011;

blog

- The Crisis Intelligence Blog+;
- idisaster 2.0;
- Social Media 4 Emergency Management;
- Bernstein Crisis Management Blog;
- Crisisblogger:
- Communicating Through a Crisis (non più aggiornato ma con molti spunti interessanti e ancora validi).

A queste segnalazioni possiamo aggiungere altre quattro utili letture:

- Chris Norton, «HMV: A great example of how NOT to manage an online crisis», chrisnorton.biz;
- W. Timothy Coombs, «Crisis Management and Communications», www.instituteforpr.org;
- «Defining Crisis Communication», www.uk.sagepub.com;
- Kristi Hines, «How to Use Social Media for Crisis Management», www.socialmediaexaminer.com.

7.9 Il monitoraggio di crisi

Come abbiamo visto nel Capitolo 3 e ripetutamente sottolineato, un'attività di monitoraggio è uno strumento molto utile per la gestione della reputazione e l'organizzazione della propria comunicazione, ma è anche uno strumento indispensabile in caso di crisi. Rispetto a quanto già detto nella trattazione generale del monitoraggio, quando si tratta di crisi vi sono alcuni aspetti da tener presenti:

- un monitoraggio avviato, partendo da zero, in occasione di una crisi richiederà ore, se non giorni, per essere operativo, specialmente se l'azienda non ha una cultura di crisi management, non si è preparata, deve imparare a spegnere gli incendi mentre questi sono già scoppiati; comporterà quindi ritardi nei tempi necessari per avere un quadro della situazione e nella raccolta di tutte le informazioni indispensabili per gestire una crisi digitale;
- un monitoraggio già operativo e organizzato (sia che si tratti di un monitoraggio avviato proprio come sistema di *early warning* anticrisi, sia che si tratti di un monitoraggio avviato per seguire le conversazioni e cogliere il sentiment in situazioni «ordinarie») ci permetterà invece di esser operativi immediatamente, anzi spesso di veder arrivare la crisi già in fasi molto iniziali;
- attenzione: non basta avere attivato il monitoraggio ed effettuarlo con periodicità frequente; occorre che qualcuno ne legga i risultati; senza un analista umano, anche un software molto sofisticato non può identificare una situazione di crisi e allertarci e i report degli analisti se non vengono letti dal management rischiano di essere strumenti inutili;
- naturalmente, in una logica di pre-crisi o di crisi in corso, cambieranno le keyword da monitorare, i termini che temiamo possano essere associati a noi, le parole associabili ad aree di crisi potenziale; se si è innescata una crisi e si è già definito un'hashtag per designare la critica mossaci, l'hashtag andrà monitorato continuativamente;
- ci dovrà essere una persona responsabile di monitorare la crisi, tenere i rapporti con il team di analisti e gli altri operativi; che tenga aggiornato il management sull'evoluzione della situazione, che presenti raccomandazioni sulle iniziative correttive da intraprendere; e, naturalmente, ci dovrà essere un team aziendale che gestisca attivamente la crisi, in genere (a seconda della dimensione e gravità) con il supporto di esperti del settore.

7.10 Ci attaccano in rete. Che cosa facciamo?

Qualunque cosa si faccia, potrà sempre esserci qualcuno che avrà da ridire, che per un motivo o per un altro vorrà attaccarci. Non è pensabile e non è adeguato voler aver ragione ogni volta, «ristabilire la verità dei fatti» a ogni singolo commento, investire tempo e denaro in risposta a ogni singola critica. Bisogna convivere con una certa percentuale fisiologica di impopolarità. È quindi opportuno saper vagliare i casi in cui intervenire (e come) da quelli in cui è meglio far finta di niente (tenendoli comunque d'occhio, per evitare che ingigantiscano a tradimento) quando emergono critiche.

Tendenzialmente possiamo scegliere di *non rispondere* se non abbiamo buoni argomenti con cui controbattere, se abbiamo torto (e non possiamo cavarcela chiedendo scusa e raccontando come intendiamo rimettere a posto la situazione, che spesso è la strada migliore). Se l'attacco è privo di senso, non può ricevere una risposta sensata. Se siamo attaccati da persone ideologicamente schierate su posizioni estremiste, appartenenti a una nicchia (negli ultimi due casi, spesso sono attacchi talmente lontani dal sentire comune che generano da soli la propria condanna da parte del pubblico). Se la crisi sta scemando, ed è meglio non riattizzare la discussione, lasciando che il fuoco si spenga a sé.

Possiamo *cancellare il contenuto e magari anche bloccare l'utente*. In sostanza censurare. Qui possono scatenarsi le critiche, perché intorno alla libertà di parola esiste una forte posizione ideologica. In realtà, dato l'ambito in cui operiamo, sono approcci ideologici che non hanno del tutto senso – siamo in un contesto in cui occorre essere molto pragmatici. Dato che (in genere) stiamo parlando di discussioni su marche e prodotti, il tema della libertà di parola è un po' «tirato per i capelli» (diverso invece è se in rete stiamo affrontando discussioni politiche o su temi etici). Se una persona ci insulta e ci augura la morte dei nostri dipendenti e delle loro famiglie (si è visto anche questo) per un disservizio ricevuto, si tratta di uno sfogo che non serve a nessuno, non di una critica costruttiva, e porta solo disagio a chi ne è incolpevolmente coinvolto. È allora giusto censurarlo, rimuoverlo. Certo, lo sappiamo, essere censurati fa infuriare e normalmente incentiva a sviluppare ancor di più contenuti contro di noi; ma un utente che già ce l'ha giurata ce lo siamo già giocato, difficile peggiorare molto la situazione. Se invece la critica è pacata, sensata, motivata, a censurarla ci mettiamo in una posizione molto meno difendibile. In buona sostanza, la rimozione dei contenuti è un po' una *extrema ratio* da usare con parsimonia e solo quando sia davvero necessario (insulti, minacce, clamorosi fuori tema, argomenti pretestuosi, serialità degli attacchi tale da non avere senso e finire per infastidire gli altri lettori...).

Possiamo *rispondere*. Qui è difficilissimo dare delle regole. Dipende veramente caso per caso. In termini generali, i consigli più importanti sono sempre:

- avere una posizione ufficiale, univoca e che non cambia nel tempo, a meno di sviluppi inaspettati e concreti; grave dover cambiare la propria posizione perché sbugiardati:

- evitare di mentire: se ci colgono in castagna lo diranno a tutti, e la crisi avrà un argomento in più contro di noi;
- avere «prove» solide che quello che diciamo è reale; poter dimostrare incontrovertibilmente le nostre ragioni è importante, altrimenti si cade nella dialettica; comunque, ci sarà sempre chi non vorrà credere, preferendo le proprie convinzioni «a priori» o teorie alternative alla realtà;
- evitare la maleducazione: tenere sotto controllo i nervi serve a non commettere errori e a dare il senso di un'azienda/marca responsabile;
- reagire rapidamente ma pensare molto bene a ciò che si scrive: non pubblicare mai di getto, ma comporre il messaggio, andare a prendersi un caffè, staccare e cinque minuti dopo rileggerlo; aiuta a evitare errori dovuti all'emotività;
- se possibile coinvolgere i propri «supporter»: in molti casi ciò avviene spontaneamente; chi è convinto a priori della nostra colpevolezza non si potrà convertire, chi è in dubbio deve essere raggiunto da entrambe le campane, perché si faccia una propria opinione;
- dove possibile cercare di spostare la discussione dal pubblico al privato: se si tratta di un caso singolo, del problema di una persona, cercare di farsi dare un contatto diretto e provare a risolvere la situazione al di fuori dei riflettori; poi, possibilmente, far diventare pubblico il fatto che il problema è stato risolto, e il cliente soddisfatto;
- avere degli influencer schierati a nostro supporto è spesso positivo ma non è un asset che possiamo comprare restando credibili: l'amore, la fiducia, la stima per noi deve essere stata conquistata prima della crisi, espressa prima della crisi, altrimenti il sospetto di aver acquistato influenze positive rischia di alimentare ulteriormente la gravità della situazione.

Case history – Costa Crociere

Spesso, forse sorprendentemente, nel corso di una crisi scopriremo che le persone ci insultano e ci attaccano oppure ci appoggiano e ci aiutano; ecco due interessanti analisi da prospettive diverse sul caso Costa Concordia.

- «Crisis Management: la comunicazione di Costa Crociere dopo il naufragio della Concordia», socialmediaavenue.wordpress.com;
- «Crisis Communications: Will Carnival Maintain Social Media Silence About The Costa Allegra, Too?», therealtimereport.com.

7.11 La crisi può riguardarci, coinvolgerci... o essere un'opportunità

Purtroppo non sono alla fine riuscito a evitare di ricadere nel paradigma «crisi = opportunità e rischio». Anche perché può essere vero. Molte crisi sono attacchi diretti contro di noi, attacchi in cui dobbiamo difenderci. Ma altre crisi sono eventi di portata più ampia, che ci coinvolgono direttamente o che potrebbero non coinvolgerci, e in cui noi decidiamo di dare un nostro contributo positivo.

Riprendiamo l'esempio di un terremoto che colpisca il territorio nazionale. Noi non siamo direttamente colpiti dall'evento, ma c'è gente che ha avuto dei problemi, magari crolli, magari persone ferite. Possiamo intervenire in maniera errata cercando di sfruttare «pubblicitariamente» l'evento, senza renderci conto che ha provocato danni. Possiamo esprimere genericamente la nostra solidarietà. O possiamo, se abbiamo personale in zona, attivare un flusso di aggiornamenti, di informazioni di prima mano dal territorio. Possiamo dare consigli, possiamo aiutare a trovare persone disperse. Possiamo andare sul luogo con nostri mezzi per sostenere la popolazione. Possiamo insomma svolgere il ruolo di chi dà un servizio alla comunità. Il che, a parte essere una buona comunicazione e lavorare a favore della nostra *brand image*, è molto di più: è contribuire sul serio alla qualità della vita delle persone, concretamente e non come iperbole pubblicitaria.

Case history – Duracell e l'uragano Sandy

In occasione dell'uragano che nel 2012 ha colpito il Mar dei Caribi Duracell ha fatto una cosa che sa fare bene (e che nel caso specifico ha fatto del gran bene): è intervenuta sul posto con un proprio veicolo, aiutando le persone in difficoltà; non solo ha regalato batterie (per le torce elettriche, le radio ecc.) ma si è anche occupata di ricaricare quei device elettronici come pc, tablet, cellulari senza di cui non riusciamo più a vivere... e che in una situazione di emergenza non era più possibile alimentare altrimenti. Si veda il mio post «Duracell: marketing solidale per Sandy».

I social sono ormai il primo servizio a cui le persone si rivolgono per avere informazioni durante una crisi (in particolare ciò appare generalmente vero per Twitter), per comprendere che cosa stia succedendo, avere dati aggiornati, capire quale sia il comportamento da adottare.

Case history – Social network in mezzo alla cenere

Quanto appena affermato è particolarmente vero nel caso di eventi che blocchino o perturbino i mezzi di trasporto. È quanto avvenuto, per esempio, quando il vulcano islandese dall'impronunciabile nome Eyjafjöll, spargendo nell'atmosfera quantità impressionanti di cenere vulcanica, costrinse a terra migliaia di aerei per quasi una settimana, coinvolgendo milioni di passeggeri, molti dei quali bloccati, senza notizie chiare, negli aeroporti. L'ovvia conseguenza fu l'esplodere di una grande richiesta di informazioni, prioritariamente ai desk degli aeroporti, ma anche online; per capire che cosa stesse succedendo, se e quando si sarebbe riusciti a partire, che cosa aspettarsi e come comportarsi. Le forme tradizionali di comunicazione andarono rapidamente in blackout, generando un notevole furore in rete, prontamente ripreso da siti di notizie e mass media.
Ecco alcuni link di approfondimento sulla crisi:

- Shashank Nigam, «How Social Media Helped Travelers During the Iceland Volcano Eruption», mashable.com;
- Shashank Nigam, «How airlines and EuroControl are conquering Icelandinc volcanic ash through social media #ashtag», simpliflying.com;
- Dave the Social Penguin, «Interview With Travel Rants re The #ashtag Debacle», www.thesocialpenguinblog.com.

Se proviamo a immaginarci le conversazioni avvenute in rete e soprattutto quelle avvenute ai desk degli aeroporti, si delineano due situazioni.
Da un lato le linee aeree si sono dimostrate incapaci di comunicare col pubblico, anche per le complessità di tenere informate una a una le numerosissime persone impegnate ai desk, nei molti aeroporti coinvolti nello stesso tempo, spiegando a ognuno dei dipendenti la situazione e dicendo loro che cosa riferire ai passeggeri coinvolti. Risultato: poca informazione, incapacità o impossibilità del personale addetto di fornire spiegare, tempi lunghi. Con l'ovvio corollario di migliaia di clienti imbufaliti, *in primis* per la mancanza di aggiornamento e informazione. E lo sfogo collettivo, l'insulto, la denuncia in rete, sui social, dell'inettitudine dell'azienda, con un danno reputazionale notevole.
Dall'altro, una serie di compagnie (ed enti/istituzioni) che, cavalcando quegli stessi social, sono invece riuscite a erogare informazione e anche a rispondere alle richieste dei singoli. Come? Bastò loro passare al personale di prima linea un solo, semplice messaggio: dire alla gente di andare su Twitter e di seguire l'hashtag "#ashtag" (gioco di parole: in inglese *ash* significa «cenere»). Lì avrebbero trovato tutte le informazioni. Un messaggio facile e rapido da comunicare. Poi dal centro, un'unità di crisi – che metteva in collegamento gli addetti alla gestione dei social aziendali con i responsabili di «prodotto», con il management, addirittura con gruppi di volontari – poteva efficacemente e rapidamente comunicare con migliaia o milioni di persone.

Al flusso di tweet una linea aerea poteva aggiungere i propri, mettendo in prima linea il brand e dimostrando l'impegno ad aiutare i propri clienti (ovviamente con tweet di servizio, informazione e aiuto, non con tweet pubblicitari). Dimostrando cioè che, pur nella complessità di una crisi difficile, l'azienda stava facendo del suo meglio, ci stava provando duramente, stava lavorando per ridurre i disagi dei passeggeri. E ci stava riuscendo. Guadagnandosi inoltre un'occasione per farsi vedere da clienti e non clienti, perché quasi tutti stavano seguendo l'hashtag come fosse un canale televisivo, in attesa di informazioni, e molti vedevano, con irritazione, che la propria compagnia aerea taceva, mentre la concorrente si dava da fare per la propria clientela (e in tal modo riposizionava la percezione e la preferenza di molti viaggiatori). Un plus reputazionale che, anche attraverso i commenti positivi sui social dei clienti serviti bene (e dei non clienti imbufaliti per il cattivo comportamento della loro compagnia) si estendeva anche alle persone non direttamente colpite dalla crisi.